中洲物语学生手册

顾　问：李继文

主　编：徐　芳　孔　亮

　　　　袁文迪　王伶俐

北京理工大学出版社
BEIJING INSTITUTE OF TECHNOLOGY PRESS

版权专有　侵权必究

图书在版编目(CIP)数据

中洲物语学生手册/徐芳等主编. —北京:北京理工大学出版社,2018.10
(2019.8 重印)
　　ISBN 978 - 7 - 5682 - 6387 - 0

Ⅰ.①中…　Ⅱ.①徐…　Ⅲ.①大学生-入学教育-手册　Ⅳ.①G645.5 - 62

中国版本图书馆 CIP 数据核字(2018)第 221049 号

出版发行 / 北京理工大学出版社有限责任公司
社　　　址 / 北京市海淀区中关村南大街 5 号
邮　　　编 / 100081
电　　　话 / (010)68914775(总编室)
　　　　　　(010)82562903(教材售后服务热线)
　　　　　　(010)68948351(其他图书服务热线)
网　　　址 / http://www.bitpress.com.cn
经　　　销 / 全国各地新华书店
印　　　刷 / 河北鸿祥信彩印刷有限公司
开　　　本 / 787 毫米×1092 毫米　1/16
印　　　张 / 14　　　　　　　　　　　　　　　　　　责任编辑 / 梁铜华
字　　　数 / 248 千字　　　　　　　　　　　　　　　文案编辑 / 梁铜华
版　　　次 / 2018 年 10 月第 1 版　2019 年 8 月第 2 次印刷　责任校对 / 杜　枝
定　　　价 / 40.00 元　　　　　　　　　　　　　　　责任印制 / 施胜娟

图书出现印装质量问题,请拨打售后服务热线,本社负责调换

前　言

亲爱的新同学,欢迎你加入武昌职业学院这个大家庭。在这里你将度过宝贵的大学生活,愿我们共同努力,以取得更大的成就。

同学们,当你结束了竞争激烈、苦尽甘来的高中生活步入大学时,你的心情或许有些喜悦和激动,或许有些迷惘和不安。但我们应清晰地认识到21世纪是知识经济高速发展的时代,是信息技术高度发达的时代,是人类文明进一步跃进的时代,世界将变成高度融合的地球村。面对知识、信息、人类文明对人才的需要,我们唯有努力学习,去实践和创新理论与方法,以占领科技、文化制高点,让自身对知识和技术有新发现、新发展、新创造,才能让自己的大学生活过得充实而有意义。

大学是你成才和放飞梦想的地方,是最美好、最重要的人生阶段。进入大学后,同学们对学习的态度各有不同:有的认识到人生本就是生无所息,唯有努力和奋斗,于是毕业时收获了更高的学历、一份理想工作的入职书;有的以"60分万岁,多一分浪费"为学习目标和方向,虚度大学光阴,毕业时一无所获;有的则停留在"大学就是大概学学"这一肤浅的认识上,因跟不上学习进度而荒废学业;有的因旷课无数、考试作弊而被勒令退学。其实每一位同学都应该知道,社会需要人才,未来的人才是我们,为此,我们要做主动学习实践者、目标明确者、对新知识和技术的追寻者,要认识自己、培养自己,继而成就自己。

同学们!你是否已有了明确的目标和方向并付诸行动了呢?让我们用这本书,带你去适应新的环境、面对新的生活、迎接新的挑战。

编者们想让这本书,成为你大学生活的行动准则,指引你获得大学生活的真谛、成人成才的路径;更想让它成为你的向导,带你走进大学校园,登上知识殿堂,帮助你树立正确的学习观和科学思维观,引领你努力学习科学、运用科学,学会做人、学会生存,学会自强、自尊、自立、自律,成为有基础理论知识,又能用于实践,更具有创新精神的一代新人,成为各行各业需要的应用型人才。

　　希望同学们通过武昌职业学院的培养,有了与中华民族相容、相承的核心价值观,有了被激活、被熔铸而又不断继承发展的科学思维。同时,通过专业理论知识的积累和实践历练,塑造个人品质和人生价值,继而拓宽个人发展路径,一步步走向成熟、走向自立自强。也希望每位同学将来能更有朝气、更有志气、更有勇气地去面对伟大的时代,去化解生活中出现的各种矛盾和困难,去迎接一次又一次新的挑战。

　　由于编者时间有限,书中难免有不足之处,恳请各位专家和读者批评指正!对于参与本书撰写工作的同志们,在此表示最诚挚的感谢。

校　　　训：厚德强能　励志创新
办学理念：育人为本　质量立校　特色强校　和谐兴校
大学精神：励志尚能　自强不息
教育思想：有教无类　因材施教　扬长避短　顺势成才

学校简介

武昌职业学院是经湖北省人民政府批准、教育部备案的全日制普通高等职业院校,始建于2002年5月。现任校长马必学教授、党委书记谢民同志。

学校位于九省通衢的湖北省省会武汉市,坐落在风景秀丽的汤逊湖畔,占地面积861亩①,在校学生1.3万人。2015年6月,武昌职业学院正式挂牌"定向培养士官生院校",目前共有陆军、空军、火箭军定向培养士官生756名。共设有13院1部共14个教学单位。现开设68个专业及专业方向,涵盖了交通运输、装备制造、电子信息、土木建筑、财经商贸、旅游、教育与体育等7个专业大类,初步形成了专业结构与区域重点产业布局相适应、高素质技术技能型人才培养与部队技能人才需求相协调发展的格局。

学校重视实习实训,大力开展校内实训室建设,现有教学行政用房16.3万平方米,设有实验、实习、实训场所及附属用房5.7万平方米,校内实训室达到80余间,校外实训基地200多个。2017年,新建无人机、工业机器人、钢琴等实训室19个,改建实训室(中心)2个,与阿里巴巴、京东、东风乘用等知名企业达成校企合作协议。

近年来,学校办学影响力持续扩大,教育教学成果显著。先后获得全国教育网络系统"示范单位"、社会管理综合治理"优胜单位"、湖北省第八届普通高等学校国防教育科研论文"优秀组织奖"。2017年,在腾讯大楚网大型教育年度评选活动中获"2017年网络影响力十佳高校",成功入选《中国青年报》举办的"2017高职院校思想政治工作创新示范案例50强",获教育部、省级多项教学成果奖。

---

① 1亩=666.67平方米。

在未来的3~5年里,学校将紧紧围绕国家发展战略对职业教育发展的新要求,力争将学校建设成为整体办学实力、水平、社会影响力位于湖北省同类院校前列的,特色鲜明、湖北知名、全国有影响力的高等职业院校。

目 录

「第一篇 大学认知篇」

第一章 我的大学 …………………………………………（ 3 ）

　第一节 大学生活新特点 …………………………………（ 3 ）
　第二节 大学与高中的不同 ………………………………（ 8 ）
　第三节 大学生行为规范的现状和缺失原因 ……………（ 11 ）
　第四节 大学生活常见问题 ………………………………（ 14 ）

第二章 适应大学 …………………………………………（ 17 ）

　第一节 如何更好地融入大学 ……………………………（ 17 ）
　第二节 在大学里如何适应和发展 ………………………（ 21 ）
　第三节 如何培养良好的行为规范 ………………………（ 25 ）
　第四节 注意人际交往问题 ………………………………（ 26 ）
　第五节 自我管理的意义 …………………………………（ 31 ）

「第二篇 国家法律法规篇」

第三章 国家法律法规 ……………………………………（ 39 ）

　中华人民共和国高等教育法 ……………………………（ 39 ）

普通高等学校学生管理规定 …………………………………（49）
高等学校学生行为准则 ……………………………………（61）
普通高等学校学生安全教育及管理暂行规定 ……………（62）
学生伤害事故处理办法 ……………………………………（66）
高等学校校园秩序管理若干规定 …………………………（73）
国家教育考试违规处理办法 ………………………………（76）
中华人民共和国兵役法 ……………………………………（84）
中华人民共和国精神卫生法 ………………………………（97）

「第三篇　学校制度篇」

第四章　学生管理规定 …………………………………（107）

武昌职业学院——学生管理规定 …………………………（107）
武昌职业学院——学籍管理条例 …………………………（119）
武昌职业学院——应征入伍学生学籍管理的补充规定 ……（127）
武昌职业学院——学生违纪处分实施办法 ………………（129）
武昌职业学院——学生校内申诉管理暂行办法 …………（136）
武昌职业学院——学生军事课程管理细则 ………………（139）
武昌职业学院——学生社团管理条例 ……………………（140）
武昌职业学院——学生活动课程学分实施办法 …………（143）
武昌职业学院——学生证、火车票打折卡管理规定 ……（150）
武昌职业学院——学生档案管理办法 ……………………（151）
武昌职业学院——图书信息中心入馆须知 ………………（153）

第五章　资助与奖励 ……………………………………（155）

武昌职业学院——国家奖学金、国家励志奖学金、国家助学金
　　　　　　　　评选管理暂行办法 ……………………（155）
武昌职业学院——家庭经济困难学生认定工作实施办法 …（159）
武昌职业学院——学生生源地助学贷款实施细则 ………（164）
武昌职业学院——学生评优与奖励实施办法 ……………（169）

武昌职业学院——学生技能竞赛管理办法 …………………（175）
　　武昌职业学院——勤工助学管理实施办法 …………………（178）

第六章　学生行为规范 ………………………………………………（181）
　　武昌职业学院——学生日常行为规范 …………………………（181）
　　武昌职业学院——学生请假制度 ………………………………（182）
　　武昌职业学院——学生考试考场规则 …………………………（184）
　　武昌职业学院——半军事化管理早操、早锻炼管理细则 …（185）
　　武昌职业学院——晚点名细则 …………………………………（186）

第七章　安全与服务 …………………………………………………（189）
　　武昌职业学院——学生公寓管理办法 …………………………（189）
　　武昌职业学院——学生心理咨询工作实施方案 ………………（194）
　　武昌职业学院——校园网管理规定 ……………………………（197）

第八章　实践与就业 …………………………………………………（203）
　　武昌职业学院——学生顶岗实习管理暂行规定 ………………（203）
　　武昌职业学院——学生自主实习管理办法 ……………………（206）

第一篇

大学认知篇

第一章 我的大学

十年寒窗磨一剑，经过千军万马过独木桥的高考，同学们终于迎来了丹桂飘香的九月，步入大学校园，迎来人生中最值得珍藏的大学时光。很多新生期待着它的到来，因为大学代表着成功、青春、激情、事业，然而真正进入其中却又充满了迷茫与困惑，因为现实中的大学与理想中的大学并不接轨，曾经在心中演练过无数次的"大学生活"，在真正进入大学校园的那一刻却显得那样的不切实际。那到底什么才是真正的大学生活？这事实上是一个老生常谈的话题，却也是我们一直要探讨的话题。我们踏过同一座桥来到彼岸的大学，而三四年之后走出大学的路却有很多条，有的时候，可以主动选择，而有的时候，却不得不被动走过。因此，看清脚下的路，才能越行越远；清楚地认识大学生活，才能更加轻松地融入其中。科学经营，运筹帷幄，不要让三年后的自己只是在大学中生活，而从未真正走进过大学生活，不要给未来的自己留下遗憾。精彩即将开始，你准备好了吗？

第一节 大学生活新特点

大学生活是丰富多彩的，但也是有规律的。大学生活环境的变化体现在生活方式、生活范围等方面。

从生活方式看，中学阶段普遍是就近入学，吃住在家，拥有自己的独立空间。即使是在寄宿制的中学，学校离家也不太远，一个月总可以回家一次。而大学生活则是完全的集体生活，几位同学在一个房间里共同生活，生活习惯难免会有不同，也会出现步调不一致的时候。每位同学的日常生活都需要自己打理，例如整理房间、床铺，洗衣服等。同时，个人的经济开支也需要自己掌握。这种改变对缺乏独立生活能力的学生来说无疑是严峻的挑战。

从生活范围看，中学时代的生活领域较窄，中心任务是考大学，课余活动被压缩得几乎等于零。大学生活则丰富多彩，各个学校都有种类繁多的社团，如果你有什么爱好和特长，可以加入这些社团，可以从中学到很多东西。各个社团都有自己的特点，都会举办有特色的活动，如果拿不准参加哪个，可以先找到自己感兴趣的社团，问问学长学姐以前组织的活动，再作决定。毕竟，大学里的社团太多，应选择一个足够锻炼自己能力的。同时，各个学校在寒暑假都会开展社会实践活动，如去贫困山区考察和义务扶贫，以提高自己对社会现实的认识。

一、什么是大学生活

生活是什么？我们可以把生活拆分成两个词语，那就是"生存"和"活着"。然而，18世纪法国启蒙思想家卢梭说："生命不等于是呼吸，生命是活动。"关于生活，《辞海》中给出了这样的定义：狭义上是指人于生存期间为了维生和繁衍所必须从事的必不可少的生计活动，它的基本内容就是衣、食、住、行；广义上则指包括工作、休闲、社交、职业等一切活动的社会生活，是人活着的一切自然综合体。在《牛津高阶英汉双解词典》中，生活，被解释为"Qualities, events and experience that characterize existence as a human being, way of living"，即人所经历过的各种事情和活动的经验，以及生存的方式。美国诗人兰斯顿·休斯对生活做了这样的解释："Life can be good, life can be bad, life is mostly cheerful, but sometimes sad. Life can be dreams, life can be great thoughts, life can mean a person, setting in court, life can be dirty, life can even be painful, but life is what you make it, so try to make it beautiful."生活是美好的，也可以是不尽如人意的，是幸福美满的，但有时也是很悲伤的，可以如梦一般美妙，任凭我思绪翱翔，也能把一个人送上法庭。生活可能是丑陋的，也可能是痛苦的，但生活是你自己创造的，所以要努力去创造幸福，让生活辉煌。我们每个人对于生活都有自己的理解与认识，但归根结底，生活将人的生理需求、对于伦理道德思想的认知和实施、对于物质精神的追求等，自然且完全地融为一体。

对于大学生活的定义，亦是众说纷纭。从 1638 年英国伦敦大学和 1694 年德国哈雷大学这两所标志近代意义大学的成立，到 1810 年柏林大学的建立，校长威廉·冯·洪堡首次将研究和教学结合起来，一种被称为"UNIVERSITY"的办学模式掀起现代大学的开端，大学从创立之初的宗教、哲学、历史等单学科发展到现在和社会有广泛联系的多学科，大学生活也从文艺复兴时期纯粹的"象牙塔"逐步发展到 19 世纪的专注学问，从追求"孤寂与自由"再到今天的以"传授实用知识、培养实用人才，适应社会发展需要，广泛服务于社会"为教育理念，大学生活越来越贴近于现实社会。学者金雁这样解释大学生活："现代大学生活是在现代社会大学和社会互动日渐密切的状态下，大学为完成自身的社会责任，自觉而系统构筑的主体的生活方式和作用于主体的环境氛围。"大学的社会责任，即为教书育人，可以说，大学生活是大学生在大学阶段以学习作为主体，围绕这一主体所开展的包括娱乐休闲活动、社会交往活动、消费活动、政治参与活动等全方位的活动状况。大学生活是受到社会广泛影响，并且与社会有密切联系的一种生活方式。在本书中，我们要讨论的大学生活正是现代大学生在大学中学习、沟通、处事，衣、食、住、行各方面的活动以及在此过程中的自我认知和自我提高过程。

二、大学生活的内涵和本质

奥斯特洛夫斯基说："生活赋予我们一种巨大的和无限高贵的礼品，这就是青春：充满着力量，充满着期待、志愿，充满着求知和斗争的志向，充满着希望、信心和青春。"如果我们把一个人一生的生活比成四季，25 岁之前是春天，25～45 岁是夏天，45～65 岁是秋天，65 岁之后是冬天，那么大学生活正是四季中的春天。为了能够让生活的夏天郁郁葱葱，秋天硕果累累，冬天珍藏丰富，我们就必须让生活的春天丰富多彩、姹紫嫣红。大学是一个人一生发展中带有质变性质的舞台，是人生发展过程中的一个较高平台，在这个平台上，自身的生存生活方式、面貌都将发生较大改变，能够极大地促进和提高个人在今后发展的质量和层次，为人生发展的整个历程奠定基础。因此，我们可以这样理解，大学生活的本质是人生可持续发展道路中成长成才的重要过渡阶段。

大学阶段的主要任务和目的是成长成才。虽然从入学年龄划分，大学生当中90%以上都是成年人，但是由于身处校园，多数时间在校园度过，以求学为主要目的，没有完全步入社会，因此，社会化程度较低，仍要面临来自社会方面的锻炼和提高。由于教育体制的限制，学生从小到大的学习成长经历基本都是家庭到校园，社会知识阅历相对较少，而作为完成学业最高水准的地点，大学生活是校园阶段的成长关键期，因此，大学生在校生活期间的健康成长至关重要。而由于在大学生活阶段完成之后，大多数学生会走向社会，在校期间提高专业技能、培养良好的专业素质能为日后步入工作岗位打下良好的基础，因此，学习是大学生活的主体内容。

三、大学生活的新特点

大学随着时代的发展而发展，而每个时代的大学也都拥有与时代相匹配的大学生活方式和时代特征。从最原始的相对封闭的状态到今天与社会联系广泛，现代大学生活的特点主要体现在与现实社会生活联系紧密的程度和大学生活的相对独立性方面。具体表现为以下六个方面。

1. 学习生活化、生活学习化

作为学生，主要精力就是系统地学好专业知识，提高理论水平和实践创新能力。因此，学生不同于农民、商人、工人等要直接从事生产劳动创造价值，当前大学生，多数不会参与这种生产劳动，也没有直接的经济来源。由于大学生的生活主要以学习为主题，因此，生活当中带有浓厚的学习化特点，例如有些学生一边在食堂吃饭一边看书背英语单词或者讨论问题，这些都体现了生活和学习的相互统一。

2. 处处体现民主化

在大学生活中，我们经常可以看到这样的场景，某学生在校期间，学习、生活中遇到自己无法解决的问题或者困惑，找辅导员老师谈心聊天，寻求帮助；在每个学期的期末，学生对于教师的认可情况进行评价反馈，任课教师则根据学生评价与学生进行沟通并认真解决问题；学生个人或者学生组织可以监督、监管学校的某些组织场所，如食堂等，同时也可以为学校的发展等关键问题给学校决策层提供建议和提案；学生能够通过及时有效地了解学校的发展计划和相关政策，监督学校各项政策的实施，对不公正的待遇提出申诉；等等。这些无不体现出在大学校园中，教师和学生的平等关系、大学的民主管理过程。

3. 文化氛围浓厚，教育目的明确

大学生的生活方式整体上处于教育与提高相统一的状态，始终以学习作为主体。在大学，不仅是在课堂学习中，即使是漫步在校园或者在食堂就餐，或者参加社团组织的课余活动，都可以强烈地感受到大学作为育人基地所营造出的强烈的文化和学习氛围，可以说，在大学中"无处不教育"，在点滴生活中体现教育的环境与宗旨。

4. 以实际活动促进精神熏陶

大学生活的主调是精神的调整与熏陶。在大学，无论是社团还是学校官方组织的学习娱乐锻炼等实际生活活动，其最终目的都是促进精神熏陶，提高思想性。比如大学一年级开展的素质拓展训练课程，通过娱乐的组织形式，以体能、智力的相互较量达到促进交流、增进友谊、树立团队意识等目的，其精神活动或追求的意向更加明确突出。再如学生参加社会实践活动，能够让学生在活动中接触社会，提高素质，使思想意识得以强化。

5. 合理安排，科学规划

对于一般的大学生来说，三四年的学习是大学学习生活的基础，是学校根据学生身心发展的特点和事物发展的客观规律组织开展的。在教学及社会实践安排方面，低年级学生较侧重于基础知识的学习掌握以及基本的世界观、人生观、价值观的形成，学校为大一、大二年级的学生开设了思想政治系列课程和大学外语等公共课程；而对于高年级学生，则更加侧重于对专业知识的学习掌握和对毕业就业的认识及了解，在大三、大四年级，学校开设实习课程，更多地组织参与社会实践活动以让学生能够顺利走出校园进入社会。在学生活动组织方面，学校的社团在开展活动的过程中也时刻考虑到学生的实际年龄与心理状态，如大一年级开展侧重于熟悉适应校园的活动，大二、大三学生处于成长阶段，鼓励学生根据兴趣爱好参加实践活动。

在大学当中,经常会邀请到社会上的成功人士、有代表性的人员到校做报告、发表演讲,将大学校园外的有益信息和资源传递到校园内。同时,学生个人也以自己的方式逐步渗透参与到社会当中,比如参加实习,利用节假日到社区参加义务劳动,帮助孤寡老人,为留守儿童辅导功课,或者利用假期时间开展三下乡活动,等等。在接触了解社会的过程中大学生能逐步实现自身的价值,同时以这样一种方式回报社会、从社会生活中学习书本中所没有的知识,从而使身心得以健康成长,以此更好地指导自己的校园生活和学习。

第二节　大学与高中的不同

高中生活,用两个字可以概括,那就是"规律"。每天,为了一个非常明确的目标——高考而开展,家、学校,两点一线的生活中满是读书、学习、考试。在家里,几点吃饭、几点写作业、几点睡觉、几点起床,在学校几点上课、几点放学,都被安排得井井有条,虽然生活单调,但也过得非常充实和踏实。而到了大学,最初的"期盼"会因为大学的真正到来而变得有些"茫然",甚至不知所措。很多人进入大学后的第一感觉就是,大学里似乎永远有很多事在等着你去处理,却又无从下手。可见,高中生活与大学生活确实存在诸多不同。为了帮助大家在大学一年级顺利度过转型期,为大学打下良好的基础,在这里简单概括一下大学与高中的几点不同。

1. 培养目标不同

中学的教育目的极其明确,那就是高考。中学作为基础性教育,为了让学生考上大学,主要强调的是学生对于书本知识的牢记和掌握。从本质上讲,高中是一种中等水平的普通教育,其培养目的是为大学输送学生,为广大学生的继续深造做一般性的基础知识和文化的学习储备。高中教育以书本为主,强调学生能够运用书本知识进行解题,在有针对性的训练下,让学生能够顺利通过高考选拔,进入大学。所以,高中是通过教育培养更高层次学生的教育阶段。而大学则更加侧重于专业性的教育，大学生是为今后的就业和职业生涯而学习；大学从未来社会生产建设和社会发展的实际需求出发，在提供专业学习的基础上，将实践融入其中，对学生进行全方位教育，促进学生综合素质的全面发展，培养出不仅能够独立于社会，并且能够为祖国建设贡献力量的在某一领域有所建树的高级专门人才。

2. 教育模式和教育方法不同

高中培养"考"生，大学培养"学"生。因此，高中采用的是封闭式教育模式，学校以教育大纲规定的内容作为指导，据此组织教学，主要按照"老师上课讲题，学生下课做题"的模式来进行。高中的老师是"逼"着学生向前走，为学生制订了学习计划。为了顺利通过高考，学生需要紧随老师的节奏，并奔着高考这一目标而不遗余力地努力前行。而大学则是一种开放式教育，由于大学教师除课堂教学以外，同时要进行科研和承担服务社会的任务，他们不能将全部精力集中到课堂教学这一工作上，也不可能天天围着学生转，因此教师除了上课、答疑，其他时间很少参与学生的学习过程，他们也希望培养学生自主学习的能力、分析和解决问题的能力以及独立思考的精神。在教学方面，教师只是起到辅助指导作用，学生才是学习的主体，对于知识的理解吸收，关键在于学生是否能够主动发现问题并解决问题。课堂教学的目的是传授知识，而学生的学习活动不仅在课堂展开，更重要的一方面是在课下主动进行探索性学习，学生要在研究型、创新型的学习中，学会如何收集知识、综合运用知识和创新知识。通过这样的过程，学生能改变原有的"死读书"的观点，开阔视野，提升能力，使知识、能力、素质均衡发展。

3. 学习内容不同

高中的学习内容是围绕"高考"而展开的，以此作为指导，"语数外"及文理综合科目是主干课，其他统称为"副科"。由于我国高考制度的限制，学生的学习内容主要以书本为主，很少开展实践活动，且各科学习更注重对本学科知识的深入和拓展，学科之间很少有交叉和衔接，只要根据老师布置的学习要求反复练习，就能达到预期的学习效果和目的。而大学则更加专注于素质教育和专业教育。在大学，不同的学科、专业，其课程设置、学习内容和对于学习方法的要求也不尽相同。课堂教育上，除讲授书本内容外，还会将学科发展的前沿问题和与其相关联的知识作为拓展讲授给学生，学习内容较为广泛，很多教师会超出教科书范围，天马行空地对学生进行介绍，甚至有些教师不用教材，而是为学生提供参考书目，用以在课堂教学之后辅助学生消化、理解所学知识。同时，大学非常重视学生的实践活动，旨在让学生从"读书的机器"中解放出来，将所学的专业知识应用到实践当中，使专业学习更加扎实。在大学，学校会为学生提供各种各样的实践活动平台，如"挑战杯"比赛、"三下乡"社会实践活动等。

4. 学习状态不同

高中主要是一种"被动"的学习状态，在家长、老师的监控之下，很多学生不得不学，同时，为了让学生能够在高考中取得好成绩，很多老师将知识"灌输"给学生；为了帮助学生提高学习效率，有效利用时间，甚至代替学生安排好学习计划。在大学，由于住校而脱离家长视线，教师的主要作用在于传授知识，在离开家长、老师的监管之后，学生需要主动自觉地开展学习，学习计划也要由自己制订，合理安排，以保证充足的学习时间。因此，在大学需要学生具有较强的自我加压和自我控制能力。

5. 学习方式不同

中学的学习内容以高考作为指导和标准，为了能够在高考中取得好成绩，课堂上所讲授的内容都极尽详细，甚至每一个解题步骤和解题思路都有明确的要求，讲课的速度较慢，示范较多。而大学的授课特点则是快、少、精。有时，一节课下来虽然老师没有完全参照书本内容讲解，但课下却发现已经讲了一章甚至几章的内容，有些学生一次偷懒旷课就会导致知识无法接续正是由于这样的原因。同时，授课过程中抽象的阐述比较多，对于教材，只是提供了复习的重点、难点和整体学习思路，更多的内容则需要学生在课后不断地拓展学习，自学吸收。因此，对于学习，全凭自觉，没有高中时的强制性，对于作业完成的要求也相对较松。

6. 生活方式不同

高中是老师、家长管理学生，大学则是学生管理自己。高中阶段，由于多数是往返于学校和家庭之间,学生始终在老师和家长的视线管控之内,而且一般认为,高中学生还没有完全成年,仍然需要家人的监护。而在大学,多数学生已满18岁,虽然在家长眼里仍然是个孩子,但在法律上已经是一个可以独立承担责任和义务的成年人,这就意味着大学生要做好自我管理,逐步走入社会,开始独立生活,并对自己的生活、学习做好规划,对自己负责,对家庭负责,对社会负责。

7. 管理方式不同

高中阶段,一直是"被管"的状态,对于学生的要求只是"服从"。由于多数学生未满18岁,在心理等方面尚不成熟,因此学校和家庭对于学生的管理与干涉较多,也较为严格,认为只有这样才能够保证学生的学习,学生也从长期的"被管"状态中逐步习惯了这种生活方式。而大学倡导的是个性,提倡给予学生充分展示自我的空间和发展的平台,通过开展丰富多彩的校园文化活动、比赛项目、实践活动等,让学生能够提高自身的多方面能力,提高自信心,促进健康发展。这就需要学生对于大学生活进行自我规划,使学习、活动、生活不冲突,互相促进。

大学生是国家的希望、民族的未来,一个拥有较高综合素质的人对于国家的发展具有重大意义。综合素质,不仅包括丰富的学识、人际交往能力,同时也包括能够自觉地遵守相应的法律与行为规范和优秀的礼仪素养等。大学是国家培养高等人才的重要场所,是建设社会主义精神文明的基地,对于大学生行为规范的培养,是高校育人的重要一环。大学生养成符合规范的良好行为习惯,不仅有助于促进良好风气的形成,也有利于青少年学生优良品德的培养。

第三节 大学生行为规范的现状和缺失原因

基础文明,是指当代大学生在社会活动和社会交往中需要遵守的最起码的道德修养准则和行为要求,是以社会公德作为基础,以社会主义道德作为基本内容而产生的行为准则的总称,其核心是集体主义和爱国主义。大学生行为规范,是学校对于大学生日常行为的规范化要求,也是大学生基础文明要求的具体化。社会公德则要求人们遵守公共秩序，爱护公共财物，互相尊重，助人为乐，文明礼貌，讲究卫生，诚实正直，信守承诺。这些也是对于当前大学生最基本的要求，同时大学生还应当自觉遵守社会主义道德，以此作为基础，向共产主义道德高要求前进。

高校是祖国未来人才的发源地，今天的大学生将是国家未来的希望和坚实力量，培养学生良好的行为规范不仅能够反映国家的文明程度，更是社会主义道德建设的推动力量，对于构建社会主义和谐社会具有重要意义。高校对大学生的行为规范养成教育，不仅能提高学生的综合素质，培养高尚的道德情操，还有利于帮助大学生完善人格，促进心理健康。

随着经济社会的迅速发展，特别是电脑、电视、网络等现代传播媒介的发展，某些西方思潮和生活方式，甚至一些个性、偏激的思想充斥校园，影响了大学生的日常行为，而心智尚未完全成熟的大学生，喜欢效仿这些新鲜事物，从而导致个人行为规范问题凸显。

当前，大学生当中广泛存在"高智商、高学历、低规范"的现象，比如道德修养较差、诚实守信观念淡化、法律意识薄弱、纪律观念弱化等；在大学生当中，普遍存在随地乱扔垃圾、不爱护公共财物、上课迟到、无故旷课、面对师长缺乏礼貌等现象；还有些学生在大学校园公共场所吸烟、搂搂抱抱、身着奇装异服、言语粗俗等，这些都与大学生的身份极其不符。

造成大学生不良行为的主要原因有以下6点。

1. 社会负面因素影响

大学，是学生世界观、价值观、人生观形成的重要阶段，在这一阶段，学生极易受到外界因素的影响，而当今社会的一些不良行为，让学生耳濡目染，影响其行为规范及道德观念的养成。

2. 学校、家庭教育的忽视

在上大学之前，学生的一切活动都是以学习文化知识作为主要内容开展的，也许，在义务教育阶段，德育、美育课还会作为一门培养学生基础素质的课程存在并为学校所重视，但到了高中阶段，一切学习都要为"高考"做准备，自然没有时间也"没有必要"教这些"小学生"的东西。在学校教育方式和国家人才选拔模式的大背景下，人们更多地关注学生的课业成绩而忽视了行为规范教育。而在家庭当中，孩子往往都作为家庭的核心，被父母捧在手心里百般呵护，久而久之就会养成"以自我为中心"的习惯，尊重关爱他人的意识淡薄甚至缺失。

3. 学生自身行为规范意识淡薄，自律意识差

由于环境和各种因素的影响，当代大学生往往对自身形象和专业技能过多关注，而没有意识到行为规范的重要性。有些学生，虽然在潜意识里认识到了问题的重要性，在谈到种种不良行为的危害性时头头是道、口若悬河，但是因为缺乏规范的实践训练、自律意识薄弱而没有及时地训练和提升个人行为，甚至产生失范行为，比如考试作弊等。

4. 缺乏良好的生活习惯

所有的成功人士都有一个共性，那就是基于良好习惯构造的日常行为规律，正所谓"播种行为，收获习惯；播种习惯，收获性格；播种性格，收获命运"。作为老师，在每次检查学生寝室的时候都会发现这样的现象，有的寝室，床位整洁、物品摆放整齐，这些寝室的学生往往在学习等方面也有优秀表现；有的寝室，鞋子、脏衣服堆满地，不叠被，甚至吃剩的饭菜、垃圾都没有及时扔掉，这样寝室的学生，行为规范存在严重问题，生活态度消极，学习成绩也不尽如人意。

5. 感恩意识薄弱

父母给予我们生命，他们含辛茹苦，将一个不谙世事的幼儿培养成一名大学生，其中付出了无数艰辛。而当代大学生，往往以自我为中心，淡漠亲情、友情、师生情，有些学生不但不知道感恩，甚至在经济不能完全独立的大学阶段，花着父母的钱，玩游戏、谈恋爱、逃课，做着与大学生身份完全不符的事情，最终导致学业亮起了"红灯"。

6. 缺乏阶段性目标规划

"凡事预则立，不预则废"，在大学阶段，能够取得成功的人，一方面付出了自己的努力，更重要的是他们有明确的目标和详细的人生规划。然而当前大学生，却存在目标不明确、缺乏规划的现象，每天无所事事，精神萎靡，浑浑噩噩，将大量的时间浪费在睡懒觉、读小说、玩游戏或者谈情说爱上。

第四节　大学生活常见问题

在人生求学的历程中，大学可谓是高级阶段，也是极为重要的阶段。在大学，不但可以使知识技能得到提高，丰富学识并积累相应的专业知识，更重要的是，在这一阶段，学生的个人综合素质能够得到极大的提高和锻炼。如果能够顺利地完成从高中到大学的角色转变，并迅速适应、融入大学生活中，则能通过大学教育和个人努力，在成长过程中逐步形成良好的心理素质和适应能力，勇于奋进、不怕挫折的精神，严谨求实的学习态度，敢于创新的意识形态以及乐观向上的生活信念等。但很多新生在入学之初对大学感到或多或少的失望，将理想中的大学带入现实之中，从而导致大学生活混乱不堪，学习和生活充满紧张、焦虑、被动。比如：上课铃声响起之后仍未找到教室；无法安排好个人的日常开销，导致生活拮据；不知如何开展大学的学习或者自习；等等。新生在入学初期往往会遇到以下常见问题。

1. 理想与现实的落差导致思想认识和心理意识不适应

在上大学之前，很多同学都经过了十余年的寒窗苦读，最终凭借个人努力与拼搏才从高考大军中脱颖而出，他们对大学充满理想甚至是幻想，所以一旦现实生活中大学的设施条件达不到预期效果，他们就容易产生心理落差。另外，一些中学阶段的"佼佼者"，入学之前踌躇满志，想要在大学大展拳脚，可入学之后，却发现"强中自有强中手"，在"高手如林"的大学，一切都要从头开始，甚至在与同学的对比中，重新认识自我，不但失去了原有的优越感，甚至有些学生原有的自信演变成了自卑。这些失落导致他们产生了心理负担。

2. 生活环境改变带来不适应

由于在大学之前的求学阶段，多数学生是在家住，即使选择住校，也离家相对较近，能够定期回家或者在生活上得到家庭良好的照顾，学校有固定的班级且有固定的班主任老师，学生在遇到问题之后能够第一时间求助于家长或者老师。然而大学是在全国范围内填报志愿，很多学生要远离家乡到异地求学，而当今的大学生多是独生子女，自理能力较差，依赖心理严重，自入学后，吃饭、洗衣、打扫卫生、购买生活用品等均需要自己独立完成，这种独立的生活与长期的依赖家庭生活形成鲜明的对比，往往让学生感到不适应。很多同学在入学初期对于家长的思念，食堂的大锅饭、集体宿舍的不适应，导致食不知味、无法入睡。再者，由于一般大学只设立专职的辅导员而没有专职的班主任，有些学生在感到心情烦闷或者有烦恼的时候不能够第一时间得到排解和帮助，常会产生厌倦苦恼情绪。

3. 学习环境的改变带来的不适应

步入大学后，除了要开始独立生活，另一个巨大变化来自学习方式的转变。在高中阶段，学习更多的是靠老师和家长的监督管制，而学习的目标只有一个，那就是考上大学。可高考之后，经过一个假期的放松，有些学生即使进入大学也没有收心，离开父母的监管，仍然以玩为主，同时，长久以来形成的唯一的求学目标也在这一刻实现了，在大学没有找到目标，以致目标缺失。而在大学中，由于教学管理模式的特殊性，一般没有固定的教室，学分制和选课制的实施导致对某些课程学生可以依据自己的个人喜好选择。寝室、图书馆、自习室都是学习看书的地方。大学的上课方式是"有课即来，没课即走"，交给学生自由支配的时间较多，而习惯了"被动"接受学习安排的学生此刻则不知如何自主支配时间，往往感到无所事事或者无聊，久而久之就会产生悲观厌学情绪。

4. 人际交往障碍

由于大学中的同学来自不同的地区，从小接受的教育和生活习惯不同，彼此认识、磨合、了解需要一个过程。中学阶段，为了能够考上大学，大家的生活多是"两耳不闻窗外事，一心只读圣贤书"，因此，与同学的交流、人际交往并不是非常重要，而在大学，以集体生活为主，要与同学朝夕相处，由于缺乏人际关系处理方面的经验，所以同学间产生矛盾的时候，总是希望得到别人的理解而不是主动去理解别人，甚至个别同学以自我为中心，造成更大的矛盾冲突。有些学生认为大学是制造浪漫的地方，因此对于恋爱抱有强烈的憧憬与幻想，在进入大学之后就迫不及待地开展恋情，然而，如果在此阶段遭遇打击，不但容易精神低迷、意志消沉，还容易荒废学业。一些来自农村或者偏远地区的贫困学生，由于经济条件的制约而不能参加班级或者学校的集体活动,他们会缺少朋友,感到孤独。

5. 沉迷网络世界

由于社会的发展、科技的进步,"90后"大学生中有90%以上在入学之前接触过网络,而大学生网络成瘾问题在适应不良的学生中更是凸显。上大学后,他们脱离了班主任老师和家长的日夜监管,生活自由,经常沉溺于网络游戏、网络小说、网络购物等,这些事情占据了他们大多数的业余时间,而一旦形成习惯,逃课、旷课、不及格等情况就如连锁反应一般接踵而至,使得学业荒废,严重影响大学生活质量。

第二章 适应大学

第一节 如何更好地融入大学

在现实社会，每个人都是社会人，既有个体的独立性，也有符合俗世的社会性。马克思明确指出："人是名副其实的社会动物，不仅是合群的动物，而且是只有在社会中才能独立存在的动物。"个人是社会的存在者，个人依赖社会而又能动地作用于社会，但个人与社会又存在着矛盾冲突。

面对大学教育模式和教育方法、学习内容、管理方式、生活方式的不同，大一新生综合症主要表现为对新环境的不适应、生活能力差、理想与现实中的心理落差、缺乏正确的学习目标和动力、不习惯新的学习方式、对所学专业的迷茫、存在的自卑情绪等。

面对大一新生综合症，大学新生应该如何应对呢？

一、充分认识大学、认识自我，从思想上做好准备

进入大学，进入一个全新的生活模式，我们不应仅仅凭借小说或者他人的描述去了解，而是应该通过自身的感受，认识了解属于自己的大学生活。大学不是桃花源，也不是乌托邦，而是一个真实的存在。在这里，我们学习知识、交际朋友。大学是我们人生中的一个重要转折，我们要努力适应：一方面，抵制消极情绪，积极面对；另一方面，正视问题并寻求合理的解决方案，完成角色转换的磨合期。同时，应当对自身重新进行审视和评估，要有清晰的自我认识，这样才能从思想上融入大学生活，为实际行动做好准备。

二、树立独立自主的生活意识

独立自主的生活是大学生活的开端。进入大学后,大学生应当摆脱过去依赖家长的心理和生活状态,从简单的打扫、整理床铺、准备生活日用品、洗衣等小事情做起,独立处理生活中遇到的问题,学会照顾自己,让生活井井有条、整洁有序,以便为学习提供良好的保障。而独立自主的生活,不仅有洗衣打扫,还包括日常生活中的各种大事小情,没有了家长和老师的管理,一切都要靠自己。比如,在入学初期,要了解教室、食堂、实训室、图书馆、医院、商店、银行等服务设施的位置及开放时间,还应对所在城市的交通情况和地理位置进行简单了解。这样,才能够在遇到问题时第一时间寻求帮助。另外,对于学校的校规校纪也要熟记于心,在大学中,了解、掌握校园内的管理规定,在学校允许的范围内开展学习生活活动,不仅不会犯错,还能够起到事半功倍的效果。

三、合理规划时间,树立正确的学习观念

大学的学习方式以"自主""自律"为主,合理安排好上课以外的时间对于提高学习效率尤为重要。所谓"时间就是金钱",大学生是富有的,同学们拥有美好的青春,拥有人生最黄金的时间,其实做好时间规划就是一种"理财",有些同学用这些"金钱"去"买"网络游戏,去"买"吃喝玩乐,而有些同学则用这些"金钱"去"买"渊博的知识,"买"创造美好生活的能力。相信四年之后,前者一定会成为真正的贫穷者,而后者则会成为真正的富有者。除了时间的规划,树立正确的学习观念也极其重要。人生需要目标,因为有了目标,人才会有前进的方向。学习也一样,当我们制定了目标,并朝向目标前进时,沿途的一个个成功汇聚在一起,就会大大增强我们迈向目标的信心。在制定学习目标的时候,我们需要熟悉并理性地认识自己所学的专业,有些同学在入学之初由于种种原因对于自己的专业存在抵触情绪,甚至有些人在尚不了解具体情况的前提下与其他专业对比之后产生自卑情绪,所以,需要提醒大家的是"三百六十行,行行出状元",社会需要各种不同的人才,只要你的专业知识水平过硬,

是金子总会发光的。因此,我们要适时调整好心态,积极了解专业性质,树立正确的学习目标。当然,兴趣是学习的原动力,如果所学专业真的无法激发学生个人的学习兴奋点,也不应盲从,而应当适时提出申请或通过其他方式进行调整,以使自己的大学生活能够拥有乐观、积极、向上的态度。

四、适应集体生活,培养和谐的人际关系

大学生活以集体生活为主,主要体现在寝室集体生活和班级集体生活两个方面,其中,寝室集体生活涉及日常生活起居、学习娱乐,是大学集体生活的重要环节。在寝室中,应树立集体观念,遵守统一的起居时间,不影响他人休息与学习;同时,为保证室内清洁,应养成轮流值日打扫的习惯。作为寝室组成的一部分,每个成员还应做好自己生活区域的保洁。在班级,要积极参加集体活动,与同学积极交流,良好相处,在交往的过程中,要做到有礼有节,尊重礼让,对于来自不同地域、不同民族、不同性格的同学,尊重其生活习惯,不可事事以自我为中心,要学会包容、接受、倾听、克制,学会关心同学,这样,才能让班集体充满凝聚力与温馨氛围。另外,社会的发展,要求大学生具备一定的人际交往能力和协调能力,大学是一个良好的训练基地,只有主动克服和消除影响人际关系形成的社会心理障碍,才能建立良好的人际关系。在与人交往过程中,大学生应消除自卑和孤傲心理,无论来自农村还是城市,贫穷还是富有,来到大学,大家都是同学,无论是对自己还是对他人,都应一视同仁,不可不切实际地高估自己,也不能过分消极地给自己造成自卑的心理暗示,要用良好的心态和健康的人格去感染别人。同时,要消除猜忌和嫉妒心理,学会尊重和理解他人,宽容谦让,真诚相处,主动、热情地与同学开展交往,消除羞怯和封闭心理,这样才能够建立良好的人际关系,在和谐愉快的大学生活中学习和成长。

五、正确认识网络双刃剑,合理安排网络时间

网络是一把双刃剑,当前,信息时代高速发展,几乎90%的学生在上

大学之前都接触过电脑和网络，而大学为实现与社会接轨、为社会服务的功能，也开设了相应的网络课程，电脑、网络已经成了人们生活中必不可少的存在。合理运用网络，对于学生的成长成才能起到积极作用，而过度沉迷网络，则将直接影响学业、生活。因此，在大学中，通过学校的引导和自身的学习，应当对网络有一个全面正确的认识，对于娱乐身心和拓展知识面这一功能，应当合理安排时间加以利用，不能无节制、玩物丧志；在应用网络过程中，应当提高网络道德素质，增强对信息的辨析能力，坚定信念，不被网络中的不良言论误导，这样才能使网络真正起到促进学习的作用。

案例描述

据《羊城晚报》报道，2005年9月9日晚，广州某大学一名入学仅一周的新生，因"不能忍受这种生活"，从某号楼的7层纵身跳下，当场殒命。其时，他的父母正从家里赶往学校，准备陪读。有老师认为，酿成惨剧的原因之一是这名学生的心理承受能力太差。死者的一名同学回忆说，跳楼前他曾经抱怨："饭菜不合胃口，衣服也不会洗，不太适应这种生活。"新入学的大学生自理能力差、心理承受能力脆弱等问题，再一次进入了人们的视野……

据介绍，自杀男生是大一新生，9月4日入学，正在参加新生军训。该生是番禺人，还有一个多月就满20周岁了。可能是以前很少独立生活，该生入学后感觉很不适应。9日上午，其父母特意从老家来到学校，准备在附近租套房子陪读。出事当天，他母亲看中一套房子，但每月租金要2 000多元，她觉得太贵，就没有租。和儿子一起吃晚饭时，她告诉儿子，她不在附近租房子了，但会每天从番禺的家里做好饭菜送过来。当时儿子十分失望，吃完饭后，儿子说要回宿舍一会儿。可到19点多，就出事了。

案例反思

这是一个新生无法适应大学生活的极端事件，虽然这样的事件并不多见，但是导致悲剧发生的原因却是大学校园中非常常见的。在上大学初期，很多学生会因为不适应集体生活、不适应学习方式而或多或少产生心理问题，但是遇到问题，不应一味地逃避或者消极面对，而应当积极寻求解决方式，纵身一跃的后果是，既断送了自己美好的生命，又留给了年过半百的父母白发人送黑发人的悲痛。其实，大学不神秘，大学很真实，大学生只要有一颗积极向上的心，有乐观的心态，有百折不挠的精神，有善于发现的双眼，有博爱广阔的心胸，大学生活就一定是丰富多彩的。

第二节　在大学里如何适应和发展

当你怀揣着录取通知书走进大学时，你便是一名大学生了。你带着家长的嘱托，畅想着大学生活的浪漫，憧憬着未来生活的丰富多彩。有人说：大学是自由的天堂，进入了大学就如同拿到了打开未来成就的保险箱钥匙。可是逐渐地你会发现，自由是相对的，而钥匙是会生锈的。你驾驶人生之舟驶入一片新的海域，而舵手只有你自己，你才是你自己的船长。"我的大学我做主"，从入学的第一天起，你就应当对自己的大学生活有一个正确的认识和规划。

一、学会适应

适应是一个人通过不断调整自身，使其个人需要能够在环境中得到满足的过程，也是自我与环境和谐统一的一种良好的生存状态。中学到大学是人生的一个重要转折，努力适应是我们为完成这个人生转折所需要的付出。

（一）熟悉环境

面对一个新的、陌生的环境，难免会出现一些不适甚至消极情绪。作为刚入学的大学生，你要了解你所在大学的图书馆、食堂、医院、银行、浴池、超市等生活服务设施的位置和开放时间，还要了解学校周围的交通概况。

（二）生活自理

尽快摆脱依赖心理，学会自己照顾自己，独立处理生活问题。备好日常生活用品，整理好内务。

（三）融入集体

本着"大事讲原则、小事讲风格"的精神与生活在一个寝室的同学和睦相处。树立主人翁意识，积极参加班集体的各项活动，同学之间交往要尊重礼让，营造互相关心、温馨和谐的良好氛围。

1. 根据自己的兴趣与爱好有选择地参加活动

在大学里，学校会举办各种活动，这些活动是校园文化的组成部分，它们可以活跃校园文化生活，提高学生的兴趣，扩大学生的知识面，锻炼学生的组织能力。在大学里，每个大学生不应是各种活动的旁观者，而应该尽量参加各种活动。

参加各种活动的原则是：①根据学习情况和是否学有余力而定，如果主要学习任务完成不了，就应该集中精力完成规定的学习任务，少参加活动；②根据自己的兴趣与爱好而定，尽量选择有兴趣的项目参加，让自己学在其中、乐在其中；③根据活动的参与程度而定，活动有组织者、参与者之分，视情况而定。

活动的组织者与参与者投入的精力是不一样的，收获也不一样。组织者组织的活动不能多，最多一学期搞一次大型活动，因为组织活动需要精心策划，费时费力，目的应以锻炼能力为主；而参与者参与活动因投入的时间、精力少，可以多一点，目的是交流信息、广交朋友。当然，如果是班会、团会，就必须参加了，不能脱离班集体，更不能脱离团组织，这样的活动是不可忽视的集体活动，因为有班规和团章，自然要遵守和维护。

2. 根据自己的能力参加学生干部的竞选活动

上大学要当一回学生干部，这样做的好处，就是能锻炼自己，使自己有政治能力、组织能力和管理能力等。再说，学生干部是大学生中的骨干分子，必须具备多种能力，是学生中的先进分子。因此，在大学里，要尊重大学校规和大学法规，主动参选学生干部。比如竞选学生会干部，要求竞选者能够遵守和执行《普通高等学校学生管理规定》，热心为同学服务，胸怀宽广，能接纳各种不同意见，任劳任怨；能够协调好人际关系，尊重人、理解人、关心人、团结人，与同学打成一片；学习成绩要好，要有特长，能在同学中树立起自己的威信，做事认真踏实；能够严于律己，宽以待人，站在大多数同学的立场上去理解、体谅、帮助同学，这样才能有群众基础，才能有资格去竞选。而且竞选后还要甘于奉献，为广大同学服务，用自己的努力来赢得同学们的信任和支持。

大学新生在入学后，要积极参加学生干部竞选。要看自己的基本素质和能力能否满足班委工作、学生社团工作、学生会工作、团组织工作的条件和要求；否则，自己工作起来就会力不从心。如果只是为了个人荣誉或捞取某种好处，不投入一定的时间和精力，采取投机或应付工作的行为，则会适得其反，失去同学们的信任和支持。

（四）管理财务

到了大学，自主支配的钱相对多了起来，如何合理有计划地用钱就成了摆在大学生面前的一个课题。如果父母是按月给大学生生活费，大学生就要计划好除了必要的支出外每天可以支配多少零花钱；如果父母是按学期给大学生生活费，大学生就要计划好除了必要的支出外每月可以支配多少零花钱。最好制作一个花销明细表，这样可以避免过度支出。

二、学会发展

发展指的是人类个体从诞生到死亡的整个生命过程中所发生的身心变化。儒家认为个体要通过"学"与"思"及个人的努力才能获得道德；同时，人的发展目标不仅仅是个体的美好发展，而且是通过个体的发展达到整个社会的美好发展。马克思认为要实现人的发展，其根本动力在于发挥人的自觉主动性；要参加社会实践，社会实践是人的发展的根本动力和途径。

（一）学习

美国著名未来学家阿尔温·托夫勒曾指出："未来的文盲不再是不识

字的人，而是没有学会怎样学习的人。"为此，大学生应树立终身学习的思想，学习为生存之道，学习的能力就是你将来生存的能力、加薪的能力、创业的能力。大学生要学会掌握适合自己的学习方法，使自己的专业知识以及各方面的能力都得到提高，从而充分地发展自我、展现自我。

（二）做事

做事需要一种百折不挠、受得住清苦、不达目的绝不罢休的毅力和精神，做事是对失败的深刻领悟和不断超越，是智慧和理性的升华。大学生要学会做事，因为做事是一种生存和竞争的本领。

（三）做人

1998年10月在法国巴黎世界教育大会上首次公开发表的《世界21世纪高等教育宣言》明确指出，能否进入大学取决于本人的品行，而不是优越的社会地位。联合国教科文组织提交的21世纪教育报告也强调，21世纪的教育不仅要使学生有知识、会做事，更重要的是先学会做人。大学生既要有历史的使命感，又要有现实的责任感，同时还应具有以科学的人生观、价值观为基础的坚实的精神支柱。在具有社会责任感和事业心以及科学文化知识和开拓精神的同时，还必须具有人文精神的内蕴和健全情感的支撑。

案例描述

晓君梦想中的大学近乎完美，大学是梦想开始的地方，大学是一个书香之地、学术之府，大学生活是充实、丰富、多姿多彩的。但经历短暂的兴奋与新奇之后，晓君发现现实的大学生活并非如此。高中时总是抱怨自己像是被家长和老师赶着上架的"鸭子"，没有自由，可总还是目标明确、动力十足。现在没有了升学压力，却感到空落落的。课程不是很紧，上课时不知该听些什么，下课后也不知该学些什么。慢慢地，晓君迷恋上了网络游戏。开始时，他还能有所控制，该上课时上课，该回寝室时回寝室。快到期末时，很多课程都结课了，没有了上课的约束，他索性玩个疯狂，整天泡在网吧，以至于无心复习最后两科课程，从而导致了不及格。

案例反思

相当一部分大学生在实现了高考这一所谓的"人生理想"后,由于迷失了目标以致丧失了继续努力的动力,时常感到空虚无聊,找不到寄托,哀叹生活没有意义。于是,转而投身娱乐、网游、交友之中,忽视了大学最根本的任务——学习。

第三节 如何培养良好的行为规范

拥有良好的生活习惯,极强的自律意识,对社会、父母、他人感恩并且有明确的人生目标,这样的大学生活才能充实而有意义,并且能促进学生在学习、生活、工作中有优秀表现。而要形成良好的行为规范,我们需要做到以下几点:

1. 正确理解和认识遵守行为规范的理论意义和社会意义的关系

人的行为具有道德意义,个人的精神状态、思想情操等都是一个人品德的表现。当前,有些大学生行为失范,是由于受到情绪支配,而没有受理性思维支配的结果。行为是内心世界的展现,我们只有树立了热爱国家、热爱集体的思想才能真正为此付诸行动,同样,我们要树立良好的行为规范意识,就要认识到其重要性,并认真执行、遵守,提高个人素质。

2. 将遵守行为规范的外在要求内化为自觉行动

高校为了规范学生的行为,往往制定一系列的管理条例及奖惩措施,而对于这些规定,大学生如果不能正确认识到其重要性而仅仅是"纸上谈兵"、知而不懂,那管理条例就会变成一纸空文,没有任何实际意义。我们只有理解、吸收了这些规定,并且将它们作为行动指导,规范个人的行为,在实践当中加以应用,同时学会控制个人情绪,才能将管理规定这种外部文件的制约性固化、内化为自身的自觉行动。

3. 养成良好生活习惯,培养自律意识

一个人如果不能将自己的日常生活安排得井井有条,那么他的学习、工作也一定是一塌糊涂。我们的生活正是由点滴的细节汇聚而成,良好的行为规范也是在日常的小事中培养的。早起五分钟叠个被子,少睡半小时懒觉洗一洗脏衣服,少玩一个小时游戏打扫一下寝室……这些小事看似简单,却能使大学生的生活焕然一新。而且,贵在坚持,不要因为学校通知要查课而被动上课,不要因为老师通知要检查寝室而不得不收拾,自觉的行为往往会产生自律的精神,持之以恒,生活才会变得有条不紊。

4. 重视优良传统继承,学会感恩

感恩,不仅是一种美德,更是生命的一个基本要素。大学生拥有一颗感恩的心,是全社会发展和个人发展的现实需求。感恩,不仅仅是嘴上简单的一声"谢谢",而是从内心开始构建的认知、情感、实践"三位一体"的体系;感恩,不仅仅是简单的回报,更应当成为一种精神境界追求,即责任意识、独立意识和自尊意识。

5. 做好阶段规划,向目标努力前进

大学生憧憬美好未来,都希望能够通过大学实现自己的远大抱负和理想。但是,随着时间的推移,相对宽松的校园环境、不良社会思潮的诱惑、远离父母、思想的不坚定等使部分学生的现实状况与既定目标背道而驰,产生巨大反差,而当目标变得越来越遥远时,学生则会开始盲目甚至消极放弃。因此,在入学之初,同学们应当为自己制定一个合理的职业规划和阶段目标,并且在每个学期总结、审视自己目标完成的情况。如果目标完成,就以此作为促进,向下一个目标迈进;如果没有完成,则进行适时调整,以此作为自己各种行为发展的方向。同学们应当从现在做起,从点滴做起,从自我做起,把目标具体化,让行为规范化。

第四节 注意人际交往问题

大学新生,面对新校园、新师生,一定要学会与人相处,营造良好的人际关系。大学生离不开人与人的交往,在遵守做人做事原则的前提下,要与人和谐相处。人际关系是一种不可或缺的社会资源。《礼记·学记》云:"独学而无友,则孤陋为寡闻。"孔子曰:"三人行,必有我师焉。"韩

愈《师说》云："闻道有先后，术业有专攻。"在每个大学生周围都有自己学习的榜样，他们身上有这样或那样的特长和或多或少的优点，关键在于我们有没有一颗学习的心，有没有发现的眼光。大学新生要明白一个道理：与学识渊博的人交往，我们可以学到更多的知识；与积极乐观的人交往，我们可以培养自己积极向上的人生观；与脚踏实地的人交往，我们可以培养自己踏实稳健的工作作风；与诚实守信的人交往，我们可以培养自己抵御说谎和诱惑的能力等，正所谓"近朱者赤，近墨者黑"。所以，大学新生要注意人际交往，要主动分辨人际交往的意义，注意学会交往。但记住：做玩伴容易，做学友难；做学友容易，做挚友难；做酒肉朋友容易，做诤友难。

一、正确处理好同学关系

大学新生，为了求知目标走到了一起，但同学之间免不了因对学习、性格、生活习惯、某件小事等不同的态度和处理方式而发生使同学关系紧张的事情，甚至引发矛盾冲突等。那么，怎样做才能处理好同学之间的关系呢？

（一）克服面子心理

大学生之间的矛盾冲突都是因小事引发的，这些小事没有什么原则性，也没有根本的利害性，往往是无意的碰撞，不经意间的言语伤害或区区小利。本来打声招呼，说声道歉，也就没事了，但因双方都好"面子"，都在赌气，不打招呼，不道歉，甚至出言不逊，结果发生争吵，更有甚者一个不谦让，一个拳脚相向，结果弄得头破血流，事后懊悔不已。分析内因或心理，这是因为双方都在运用不适当的方法维护自己的尊严，即中国人常说的"面子"，好像谁退让，谁就显得无能，谁就没"面子"，于是冲突升级，最后搞得两败俱伤，得不偿失。

（二）控制冲动心理

大学新生多是十八九岁，处于生理发育旺盛期，自控能力不强，遇事容易冲动，往往因一点小事引发冲突。但我们应该知道：冲动是魔鬼，害人又害己。即使出发点好，也不会有好的结果，即使有些学生认为自己做事爽快，也只是图一时之痛快。比如上下楼无意的碰撞、吃饭时无意看了对方一眼、打球时犯了规等，多是无意行为，有时很难断定谁是谁非，其实双方各自谦让一下，就相安无事了。即使自己有理，也可以忍让一点，好言相待，冷静处理。可是，很多大学生往往一时冲动，气势汹汹，结果把小事升级成大事，把两个人的事情搞成团伙打群架的违纪违法事件，背个处分甚至被抓进派出所后才幡然醒悟，叫人摇头叹息。

（三）培养宽容心理

大学生做到与人为善、宽以待人，是很重要的。同学之间的问题，要坦诚相待，互相尊重和及时交换意见，这样既可以化解矛盾，增进友情，也能减少不必要的摩擦和冲突。

请大学生注意，当你和同学交流时遇到意见分歧，或对方有错误时，是直言不讳、措辞冷僻生硬好，还是站在对方立场换位想一想，委婉地让对方接受你的意见好呢？其实没有固定答案，关键在于是否会选择时机，能否用宽容的心代替不满或憎恨心，选择的不同自然会有完全不同的效果。另外，培养自己的幽默感，有助于缓和紧张的局面，几句俏皮话，会有四两拨千斤之效，让冲突在笑声中化解。因此，宽容是一种心理，也是一种态度，更是一种智慧。

（四）破解封闭心理

进入大学的新生，都有各自的性格，如果封闭自己的心理，那也不足为怪。有的性格内向，情感表现不强，被人误以为封闭，实际上他们也有情感深沉的一面；有的因为学业忙碌，还未适应大学生活，处于疲倦状态，自然没有多少热情；有的因家庭贫困，生活压力大而自卑，自然情绪低沉；有的因为心灵有过创伤，过去曾经真诚待人，结果遭到欺骗，因而对人存有戒心；有的高考失利，失去对生活的追求，看淡前途。因此，我们就要通过学习和活动，通过与人交流，破解封闭心理之门。对于心理封闭的同学，最重要的是努力改变自己，放松心情，自强不息；同时，我们要以尊重、热情、关心、帮助的心理和行动，亲近他们而不是疏远他们，安慰他们而不是责备他们，关心他们而不是孤立他们。

二、学会自立、学会做人

上大学是走进新的集体,大学阶段是成人成才的重要阶段,学会学习、学会自立、学会做人、学会做事也就意味着学会生存。下面我们主要研讨一下学会自立、学会做人的问题。

(一)学会自立

人离不开社会,自然具有个体社会性。但是,人生的发展是一个从身体独立、行为独立、人格独立、思想独立、经济独立到社会独立的过程,而大学阶段是人格独立、思想独立的最重要时期,大学生必须顺利完成这个时期的任务。

有的学生学习成绩优异,生活在"蜜罐"里,从小父母的溺爱、亲人的娇惯,使他养成了衣来伸手、饭来张口的习惯,不具备独立生活的能力。高考后,虽然上了大学,但是由于生活几乎不能自理,不会买饭、洗衣服,只会不停地向家人诉苦,结果军训找借口回家了,上课学不下去了,父母没有办法,只好吞下苦果,让其退学。一个大学生不能自理自立是家庭教育的失败,也是其本人的悲哀。毕竟父母再好,也不能抚养孩子一辈子!

应该说,大学生来上学首先要学会自理自立,自理是自立的前提,自理是一种最基本的能力。自立则是指个体从自己过去依赖的事物中独立出来,就是坚决地"断奶",自己管理自己,自己照顾自己,自己做主、自己判断、自己行动,也就是对自己的承诺和行为负责。仔细想想,自立贯穿人生,自立可以分为身体自立、行为自立、心理自立、思想自立、经济自立、社会自立。身体自立是指个体无须扶助而能自立行走;行为自立是指个体能独立思考、独立判断、自己做决定;心理自立是指自己能够调适、控制自己的负面心理、情绪;思想自立是指有自己的思想意识,经过自己的综合分析得到比较正确的认识、看法等;经济自立是指不依赖父母或者他人的经济援助而能独立生存;社会自立是指能够按照社会所规定的行为规范、责任和义务而行动。

学会自立是个人实现人格独立和开创事业的前提。因此,在大学阶段，我们应该树立自立意识，培养自立能力。香港回归后第一任特首董建华就是离开家到美国求学而后就业创业成为自立之人；香港富豪李嘉诚的儿子李泽楷在美留学的时候，不仅不带保姆，而且自己打工挣零花钱。想一想，他们为什么能成为人才？其中很重要的一点就是因为他们有意识、有目的地培养自己的自立精神，因为只有具备了自立精神，将来才有可能开创自己的事业。因此，树立自立意识，赢得职业生涯的成功，不是一句空话，而是一条必由之路。

（二）学会做人

上大学的目的就是成人成才，而要成人成才，就先要学会做人做事。这里我们主要谈谈做人问题。做人，先要明确做什么人。你一定会说做有知识的人，这点没错。但我们认为应该做一个有责任心的人，一个有主体意识的人。

责任心是一种品德，是一种习惯行为，也是衡量一个人成熟与否的重要标准。大学者梁启超说："凡属于我受过他的好处的人，我对于他便有了责任；凡属于我应该做的事，而且是我能够做到的，我对于这件事便有了责任；凡属于我自己打定主意要做的事，便是现在的自己与将来的自己立了一种契约，便是自己对于自己加了一层责任。"是的，责任，正是一个人品德高低的展现，正是一个人诚信的体现，正是一个人成熟的标准。责任感对于一个人来说是极其重要的，"言而无信，行之不远"。人无责任，难担大任。一个优秀的人才，爱业敬业成就事业，都是源自强烈的责任感。

我们身边就有人缺乏责任感。比如，在学习、工作、生活中常常为自己寻找各种各样的借口，面对上级，面对工作，他会告诉别人自己做不了某事或做不好某事的种种理由，强调客观因素，强调别人如何如何。就如一个人上班迟到了，就寻找借口："路上堵车"了，"自己胃痛"了，"晚上没睡好"，"看错时间"了，等等。其实，如果我们有心去找，所有的事情都可以找到无数条"合乎情理"的理由，"冠冕堂皇"地为自己开脱责任。实质上，一个人，尤其是大学生，为了自己的"面子"，为了自己的懒惰，为了自己的过错，找借口越多，就越容易失去责任心，也就越让人看不起，无形中离信任和成功就会越来越远。

由此，我们一起来品读程社明的一段话："人生成功从职业发展开始，职业生涯发展从做好本职工作开始，做好本职工作从对结果负责开始，对结果负责从找自己的错误开始。一件事情没有干成时，总是能为推卸责任找到理由，理由找得越多，就离发现规律越远，谁把责任推得干干净净，谁就与成功绝缘了。"

可见，责任心是多么重要啊！责任心是一个人对待生活和工作的态度，需要我们从身边小事做起，从不迟到做起，从一次作业做起，从记一次读书笔记做起，从学习一门知识或动手操练一项技能做起，切记："勿以善小而不为，勿以恶小而为之。"责任心不仅需要内动力，需要别人监督，还需要长期自觉培养的好习惯！

第五节　自我管理的意义

对于很多学生来说，上大学代表着第一次背井离乡，第一次独立生活，而离开了家长和老师的日夜监管，自我管理在大学就显得尤为重要，这不仅能提高学生的综合能力，也能提升学生的管理层次和水平。

1. 自我管理的内涵和意义

大学生自我管理的内涵，从广义上讲，主要是指大学生为了实现高等教育的培养目标以及为了满足社会日益发展过程中对于个人素质的要求，充分调动自身的主观能动性，卓有成效地利用和整合自我资源，比如价值观、时间、心态、身体、行为和信息等，运用科学管理方法开展的自我认知、自我计划、自我组织、自我控制和自我监督的一系列自我学习、自我教育、自我发展，从而趋向于自我完善的活动。从狭义上讲，自我管理是开展自我学习、自我教育、自我发展的基础，其目的是有效地协调学习生活的各个内外要素，充分利用大学所提供的实践条件，最大限度地提高自己的综合素质以适应社会发展的需要。

大学生的自我约束力是自我管理的基础，也是一个人成功的基本要素之一。作为成年人，身心相对成熟，精力充沛，对于新鲜事物充满了好奇，同时由于初入社会，很多事物都有着不可抵挡的诱惑力，这些都容易造成个人情绪的失控和冲动，因此，提升自我约束力尤为重要，这也是适应社会主义市场经济发展和高等教育改革的要求。

2. 自我管理能力缺失原因

近年来，由于网络的迅速发展，一些"非主流文化"充斥校园——劲爆荒诞的音乐、颓废的图片等，这些无不在宣泄着躁动的情绪，对于价值观尚未成型的青少年来说，其情绪极易受其不良影响。这种"非主流文化"带来的负面影响就是，让学生情绪颓废，封闭自我，带来不安全感。另外，由于传统的教育思想和模式深深地禁锢着学生和家庭的思想，很多家庭惯于为学生做好安排和规划，学生也惯于这种"被安排、被规划"的模式，从而形成了较为突出的个性缺陷，比如依赖性强、缺乏自立能力和独立性，因此不能进行有效的自我管理。

3. 如何进行自我管理

要进行良好的自我管理，首先，应当明确两个概念：第一是自我管理；第二是自我意识。自我管理的概念在前面已经说过，这里不多赘述。而自我意识，有人认为，"是对自己身心活动的察觉，即自己对自己的认识，具体包括认识自己的生理状况"。也有人认为，自我意识是一种自己对自己的做法、想法、行动、行为举止对与错的判断能力。对于大学生的自我意识，后者的解释更加贴切。刚刚步入大学校园的新生，在离开父母、离开拼搏三年高考的压力之后进入全新的生活，很容易放松、纵容自己。因此，自入学之初，想要开展良好的自我管理，就一定要树立自我管理意识，要形成在大学三年里，自己对自己的做法、想法、行为、行动对与错的一种判断力，指导自己想要什么、想干什么，并为自己做好计划、组织、实施、协调和控制工作，以保证大学生活不虚度、不盲目。在树立了良好的自我管理意识之后，还要为自己制定合理的奋斗目标，也就是开展所谓的"目标管理"，拥有明确的目标，才能发挥其导向作用，指导前进，同时目标的达成也能为下一个目标的实现起到积极的激励作用。

在大学中，需要我们进行自我管理的方面很多，比如思想品德修养管理、学习管理、时间管理、技能管理、交往活动管理、资源与机会管理、自我控制能力管理、责任心管理、健康管理、金钱管理等，但无论是哪种管理，在我们树立了管理意识和管理目标之后，都要付诸行动，开展实施，这就要求同学们做好个人管理规划。在大学一年级，要学会了解、熟悉大学的日常生活和学习，用最短的时间融入大学生活之中，认真学习了解学校的各项管理规定，并加强理解，真正从内心中接受并执行。在熟悉了校园环境之后，可以参加一些社团活动。大学二年级，步入高年级的同学已经没有了最初进入大学校园时的激情，但作为承上启下的重要阶段，千万不能放松。应当对学习的目标和程度有清楚的认识，学好自己的专业课程，并有针对性地学习竞赛活动和实践活动以辅助学习，提高综合素质。大学三年级，即将步入社会，就业或者继续深造是摆在大学生面前不得不面对的重要选择，而无论是哪一种选择，都要在大学的最后阶段管理好自己的生活目标和继续学习的行动力，按部就班，不能浮躁，不可颓废。大学生活需要合理安排，也需要充分发挥主观能动性，如此才能让自己的大学不留遗憾。

案例描述

李开复的时间管理方法

最近有朋友问我，为什么你可以每天工作那么久的时间，在没有周六和周日的情况下，依然能保持良好的工作状态和身体状态？这是个好问题，很多人辛苦工作，可总是觉得自己没有成就感或者疲于奔命。如何长时间工作并且保持效率？我愿意将自己的心得与大家分享。

我以前读博士时，基本上一天工作16小时。如何在艰苦的工作中，激励自己、让自己能做到更多从而发挥自己的潜力，我认为大家应该考虑的是：要做你真正感兴趣、与自己人生目标接轨的事情。

我发现我的"生产力"和我的"兴趣"有着直接的关系，而且这种关系还不是单纯的线性。如果面临我没有兴趣的事情，我可能会花40%的时间，但是真正产生的结果可能只有20%的工作效率；如果遇到我感兴趣的事情，我可能会花100%的时间而得到200%的工作效率。

其次，不要成为"紧急"的奴隶。要关注"关键"的问题。事分轻重缓急，因此不要把全部的时间都去做那些看起来"紧急"的事情，一定要留一些时间做那些真正"重要"的事情。管理自己时间的问题，尤其是要分清何为"紧急的事"、何为"重要的事"。

我这里有几个辅助的建议：第一，排序。每天对该做的事排好优先次序，并按照这个次序来做。我感到在工作和生活中每天都有干不完的事，唯一能够做的就是分清轻重缓急。有的年轻人会说"没有时间学习"，其实，换个说法就是"学习没有被排上优先级次序"。

第二，时间管理与目标设定、目标执行具有相辅相成的关系，时间管理与目标管理是不可分的。每个小目标的完成，会让你清楚地知道你与大目标的远近，你的每日承诺是你的压力和激励，每日的行动承诺都必须结合你的长远目标。所以，要想有计划地工作和生活，需要你管理好自己的时间。这一点说起来容易，但做起来就不那么简单了。

第三，在时间管理中，必须学会运用80%∶20%原则，要让20%的投入产生80%的效益。要把握一天中20%的经典时间（有些人是早晨，也有些人是下午或夜里），专门用于你对于关键问题的思考和准备。有的人以为，安排时间就是做一个时间表，那是错误的。人的惯性是先做最紧急的事，但是这么做有可能使重要的事被荒废。每天管理时间的一种方法是，早上订立今天要做的紧急事和重要事，睡前回顾这一天有没有做到两者的平衡。

有那么多的"紧急事"和"重要事"，想把每件都做到最好是不实际的。建议你把"必须做的"和"尽量做的"分开。必须做的要做到最好，但是尽量做到尽力而为就可。建议你用良好的态度和胸怀接受那些你不能改变的事情，多关注那些你能够改变的事情。以终为始，做一个长期的蓝图规划，一步一步地向你的目标迈进。这样，你就能一步步地看到进展，就会更有动力、自信地继续做下去。

其实学习和工作的状态是一样的道理。别人曾经问我：如何在长时间内保持高效的学习状态？我的建议是，第一要精神好，全神贯注，心无杂念；第二要给自己时间放松；第三要给自己一些压力，不要让自己一直处于松弛的环境中；第四，不要用太长的时间做同样一件事情，因为重复多了容易感觉枯燥和疲劳，效率就会变差；第五，不要没有准备就开始干活；第六，反复地练习、回忆、记忆是非常有用的。这些道理都很符合做事情的状态。

最后，值得注意的是，年轻时拼命工作或许没有太大关系，但是年纪较长后，你就必须照顾自己的身体，要平衡好工作、嗜好、家庭等各方面的需求。我不认为"锻炼身体"能够从根本上改变你的工作状态和身体状态，虽然锻炼身体是好事，多运动也会让你更有精力，但我相信能改变你的状态的关键是心理而不是生理上的问题。真正投入你的工作中才是一种态度、一种渴望、一种意志。

案例反思

李开复成长成才的故事我们都很熟悉，其实他还有一段"不好"的成长经历：在大一时，他因为沉溺于桥牌等游戏中，以致成绩很差，亮起红灯，这就是缺乏合理、良好的生活习惯，没有良好自控能力的表现。那时他对自己说"如果这样下去，之前18年的努力太可惜了"，李开复对自己作出承诺，每个学期的成绩要3.75分，每天功课做完再去打桥牌。他大学最后三年的成绩比大一好了很多，哥伦比亚大学历史上还没有这样的先例：第一名毕业的学生在大一时的成绩这么糟糕。也许就是从那个时候开始，李开复形成了自我管理的概念。

然而在学习了成功人士的自我管理方式之后，我们想说的是，他在觉察到问题时，能够积极思考、分析判断，做出正确决定，并适时地调节好自己，为自己明确一个奋斗的目标，同时以积极乐观的态度向目标迈进，在良好的自我调控与自我约束下，最后取得了成功。那如果说我们从大一就开始用到这样的自我管理方式，以同样的努力开展实施，我们是不是会用比李开复多一年的时间取得更多的成绩，像他一样成为一名成功人士呢？

第二篇

国家法律法规篇

第三章 国家法律法规

中华人民共和国高等教育法

（1998年8月29日第九届全国人民代表大会常务委员会第四次会议通过 根据2015年12月27日第十二届全国人民代表大会常务委员会第十八次会议《关于修改〈中华人民共和国高等教育法〉的决定》修正）

第一章 总 则

第一条 为了发展高等教育事业，实施科教兴国战略，促进社会主义物质文明和精神文明建设，根据宪法和教育法，制定本法。

第二条 在中华人民共和国境内从事高等教育活动，适用本法。

本法所称高等教育，是指在完成高级中等教育基础上实施的教育。

第三条 国家坚持以马克思列宁主义、毛泽东思想、邓小平理论为指导，遵循宪法确定的基本原则，发展社会主义的高等教育事业。

第四条 高等教育必须贯彻国家的教育方针，为社会主义现代化建设服务、为人民服务，与生产劳动和社会实践相结合，使受教育者成为德、智、体、美等方面全面发展的社会主义建设者和接班人。

第五条 高等教育的任务是培养具有社会责任感、创新精神和实践能力的高级专门人才，发展科学技术文化，促进社会主义现代化建设。

第六条 国家根据经济建设和社会发展的需要，制定高等教育发展规划，举办高等学校，并采取多种形式积极发展高等教育事业。

国家鼓励企业事业组织、社会团体及其他社会组织和公民等社会力量依法举办高等学校，参与和支持高等教育事业的改革和发展。

第七条　国家按照社会主义现代化建设和发展社会主义市场经济的需要，根据不同类型、不同层次高等学校的实际，推进高等教育体制改革和高等教育教学改革，优化高等教育结构和资源配置，提高高等教育的质量和效益。

第八条　国家根据少数民族的特点和需要，帮助和支持少数民族地区发展高等教育事业，为少数民族培养高级专门人才。

第九条　公民依法享有接受高等教育的权利。

国家采取措施，帮助少数民族学生和经济困难的学生接受高等教育。

高等学校必须招收符合国家规定的录取标准的残疾学生入学，不得因其残疾而拒绝招收。

第十条　国家依法保障高等学校中的科学研究、文学艺术创作和其他文化活动的自由。

在高等学校中从事科学研究、文学艺术创作和其他文化活动，应当遵守法律。

第十一条　高等学校应当面向社会，依法自主办学，实行民主管理。

第十二条　国家鼓励高等学校之间、高等学校与科学研究机构以及企业事业组织之间开展协作，实行优势互补，提高教育资源的使用效益。

国家鼓励和支持高等教育事业的国际交流与合作。

第十三条　国务院统一领导和管理全国高等教育事业。

省、自治区、直辖市人民政府统筹协调本行政区域内的高等教育事业，管理主要为地方培养人才和国务院授权管理的高等学校。

第十四条　国务院教育行政部门主管全国高等教育工作，管理由国务院确定的主要为全国培养人才的高等学校。国务院其他有关部门在国务院规定的职责范围内，负责有关的高等教育工作。

第二章　高等教育基本制度

第十五条　高等教育包括学历教育和非学历教育。

高等教育采用全日制和非全日制教育形式。

国家支持采用广播、电视、函授及其他远程教育方式实施高等教育。

第十六条　高等学历教育分为专科教育、本科教育和研究生教育。

高等学历教育应当符合下列学业标准：

（一）专科教育应当使学生掌握本专业必备的基础理论、专门知识，具有从事本专业实际工作的基本技能和初步能力；

（二）本科教育应当使学生比较系统地掌握本学科、专业必需的基础理论、基本知识，掌握本专业必要的基本技能、方法和相关知识，具有从事本专业实际工作和研究工作的初步能力；

（三）硕士研究生教育应当使学生掌握本学科坚实的基础理论、系统的专业知识，掌握相应的技能、方法和相关知识，具有从事本专业实际工作和科学研究工作的能力。博士研究生教育应当使学生掌握本学科坚实宽广的基础理论、系统深入的专业知识、相应的技能和方法，具有独立从事本学科创造性科学研究工作和实际工作的能力。

第十七条 专科教育的基本修业年限为二至三年，本科教育的基本修业年限为四至五年，硕士研究生教育的基本修业年限为二至三年，博士研究生教育的基本修业年限为三至四年。非全日制高等学历教育的修业年限应当适当延长。高等学校根据实际需要，报主管的教育行政部门批准，可以对本学校的修业年限作出调整。

第十八条 高等教育由高等学校和其他高等教育机构实施。

大学、独立设置的学院主要实施本科及本科以上教育。高等专科学校实施专科教育。经国务院教育行政部门批准，科学研究机构可以承担研究生教育的任务。

其他高等教育机构实施非学历高等教育。

第十九条 高级中等教育毕业或者具有同等学力的，经考试合格，由实施相应学历教育的高等学校录取，取得专科生或者本科生入学资格。

本科毕业或者具有同等学力的，经考试合格，由实施相应学历教育的高等学校或者经批准承担研究生教育任务的科学研究机构录取，取得硕士研究生入学资格。

硕士研究生毕业或者具有同等学力的，经考试合格，由实施相应学历教育的高等学校或者经批准承担研究生教育任务的科学研究机构录取，取得博士研究生入学资格。

允许特定学科和专业的本科毕业生直接取得博士研究生入学资格，具体办法由国务院教育行政部门规定。

第二十条 接受高等学历教育的学生，由所在高等学校或者经批准承担研究生教育任务的科学研究机构根据其修业年限、学业成绩等，按照国家有关规定，发给相应的学历证书或者其他学业证书。

接受非学历高等教育的学生，由所在高等学校或者其他高等教育机构发给相应的结业证书。结业证书应当载明修业年限和学业内容。

第二十一条　国家实行高等教育自学考试制度，经考试合格的，发给相应的学历证书或者其他学业证书。

第二十二条　国家实行学位制度。学位分为学士、硕士和博士。

公民通过接受高等教育或者自学，其学业水平达到国家规定的学位标准，可以向学位授予单位申请授予相应的学位。

第二十三条　高等学校和其他高等教育机构应当根据社会需要和自身办学条件，承担实施继续教育的工作。

第三章　高等学校的设立

第二十四条　设立高等学校，应当符合国家高等教育发展规划，符合国家利益和社会公共利益。

第二十五条　设立高等学校，应当具备教育法规定的基本条件。

大学或者独立设置的学院还应当具有较强的教学、科学研究力量，较高的教学、科学研究水平和相应规模，能够实施本科及本科以上教育。大学还必须设有三个以上国家规定的学科门类为主要学科。设立高等学校的具体标准由国务院制定。

设立其他高等教育机构的具体标准，由国务院授权的有关部门或者省、自治区、直辖市人民政府根据国务院规定的原则制定。

第二十六条　设立高等学校，应当根据其层次、类型、所设学科类别、规模、教学和科学研究水平，使用相应的名称。

第二十七条　申请设立高等学校的，应当向审批机关提交下列材料：

（一）申办报告；

（二）可行性论证材料；

（三）章程；

（四）审批机关依照本法规定要求提供的其他材料。

第二十八条　高等学校的章程应当规定以下事项：

（一）学校名称、校址；

（二）办学宗旨；

（三）办学规模；

（四）学科门类的设置；

（五）教育形式；

（六）内部管理体制；

（七）经费来源、财产和财务制度；

（八）举办者与学校之间的权利、义务；

（九）章程修改程序；

（十）其他必须由章程规定的事项。

第二十九条 设立实施本科及以上教育的高等学校，由国务院教育行政部门审批；设立实施专科教育的高等学校，由省、自治区、直辖市人民政府审批，报国务院教育行政部门备案；设立其他高等教育机构，由省、自治区、直辖市人民政府教育行政部门审批。审批设立高等学校和其他高等教育机构应当遵守国家有关规定。

审批设立高等学校，应当委托由专家组成的评议机构评议。

高等学校和其他高等教育机构分立、合并、终止，变更名称、类别和其他重要事项，由本条第一款规定的审批机关审批；修改章程，应当根据管理权限，报国务院教育行政部门或者省、自治区、直辖市人民政府教育行政部门核准。

第四章 高等学校的组织和活动

第三十条 高等学校自批准设立之日起取得法人资格。高等学校的校长为高等学校的法定代表人。

高等学校在民事活动中依法享有民事权利，承担民事责任。

第三十一条 高等学校应当以培养人才为中心，开展教学、科学研究和社会服务，保证教育教学质量达到国家规定的标准。

第三十二条 高等学校根据社会需求、办学条件和国家核定的办学规模，制定招生方案，自主调节系科招生比例。

第三十三条 高等学校依法自主设置和调整学科、专业。

第三十四条 高等学校根据教学需要，自主制订教学计划、选编教材、组织实施教学活动。

第三十五条　高等学校根据自身条件，自主开展科学研究、技术开发和社会服务。

国家鼓励高等学校同企业事业组织、社会团体及其他社会组织在科学研究、技术开发和推广等方面进行多种形式的合作。

国家支持具备条件的高等学校成为国家科学研究基地。

第三十六条　高等学校按照国家有关规定，自主开展与境外高等学校之间的科学技术文化交流与合作。

第三十七条　高等学校根据实际需要和精简、效能的原则，自主确定教学、科学研究、行政职能部门等内部组织机构的设置和人员配备；按照国家有关规定，评聘教师和其他专业技术人员的职务，调整津贴及工资分配。

第三十八条　高等学校对举办者提供的财产、国家财政性资助、受捐赠财产依法自主管理和使用。

高等学校不得将用于教学和科学研究活动的财产挪作他用。

第三十九条　国家举办的高等学校实行中国共产党高等学校基层委员会领导下的校长负责制。中国共产党高等学校基层委员会按照中国共产党章程和有关规定，统一领导学校工作，支持校长独立负责地行使职权，其领导职责主要是：执行中国共产党的路线、方针、政策，坚持社会主义办学方向，领导学校的思想政治工作和德育工作，讨论决定学校内部组织机构的设置和内部组织机构负责人的人选，讨论决定学校的改革、发展和基本管理制度等重大事项，保证以培养人才为中心的各项任务的完成。

社会力量举办的高等学校的内部管理体制按照国家有关社会力量办学的规定确定。

第四十条　高等学校的校长，由符合教育法规定的任职条件的公民担任。高等学校的校长、副校长按照国家有关规定任免。

第四十一条　高等学校的校长全面负责本学校的教学、科学研究和其他行政管理工作，行使下列职权：

（一）拟订发展规划，制定具体规章制度和年度工作计划并组织实施；

（二）组织教学活动、科学研究和思想品德教育；

（三）拟订内部组织机构的设置方案，推荐副校长人选，任免内部组织机构的负责人；

（四）聘任与解聘教师以及内部其他工作人员，对学生进行学籍管理并实施奖励或者处分；

（五）拟订和执行年度经费预算方案，保护和管理校产，维护学校的合法权益；

（六）章程规定的其他职权。

高等学校的校长主持校长办公会议或者校务会议，处理前款规定的有关事项。

第四十二条 高等学校设立学术委员会，履行下列职责：

（一）审议学科建设、专业设置，教学、科学研究计划方案；

（二）评定教学、科学研究成果；

（三）调查、处理学术纠纷；

（四）调查、认定学术不端行为；

（五）按照章程审议、决定有关学术发展、学术评价、学术规范的其他事项。

第四十三条 高等学校通过以教师为主体的教职工代表大会等组织形式，依法保障教职工参与民主管理和监督，维护教职工合法权益。

第四十四条 高等学校应当建立本学校办学水平、教育质量的评价制度，及时公开相关信息，接受社会监督。

教育行政部门负责组织专家或者委托第三方专业机构对高等学校的办学水平、效益和教育质量进行评估。评估结果应当向社会公开。

第五章 高等学校教师和其他教育工作者

第四十五条 高等学校的教师及其他教育工作者享有法律规定的权利，履行法律规定的义务，忠诚于人民的教育事业。

第四十六条 高等学校实行教师资格制度。中国公民凡遵守宪法和法律，热爱教育事业，具有良好的思想品德，具备研究生或者大学本科毕业学历，有相应的教育教学能力，经认定合格，可以取得高等学校教师资格。不具备研究生或者大学本科毕业学历的公民，学有所长，通过国家教师资格考试，经认定合格，也可以取得高等学校教师资格。

第四十七条 高等学校实行教师职务制度。高等学校教师职务根据学校所承担的教学、科学研究等任务的需要设置。教师职务设助教、讲师、副教授、教授。

高等学校的教师取得前款规定的职务应当具备下列基本条件：

（一）取得高等学校教师资格；

（二）系统地掌握本学科的基础理论；

（三）具备相应职务的教育教学能力和科学研究能力；

（四）承担相应职务的课程和规定课时的教学任务。

教授、副教授除应当具备以上基本任职条件外，还应当对本学科具有系统而坚实的基础理论和比较丰富的教学、科学研究经验，教学成绩显著，论文或者著作达到较高水平或者有突出的教学、科学研究成果。

高等学校教师职务的具体任职条件由国务院规定。

第四十八条　高等学校实行教师聘任制。教师经评定具备任职条件的，由高等学校按照教师职务的职责、条件和任期聘任。

高等学校的教师的聘任，应当遵循双方平等自愿的原则，由高等学校校长与受聘教师签订聘任合同。

第四十九条　高等学校的管理人员，实行教育职员制度。高等学校的教学辅助人员及其他专业技术人员，实行专业技术职务聘任制度。

第五十条　国家保护高等学校教师及其他教育工作者的合法权益，采取措施改善高等学校教师及其他教育工作者的工作条件和生活条件。

第五十一条　高等学校应当为教师参加培训、开展科学研究和进行学术交流提供便利条件。

高等学校应当对教师、管理人员和教学辅助人员及其他专业技术人员的思想政治表现、职业道德、业务水平和工作实绩进行考核，考核结果作为聘任或者解聘、晋升、奖励或者处分的依据。

第五十二条　高等学校的教师、管理人员和教学辅助人员及其他专业技术人员，应当以教学和培养人才为中心做好本职工作。

第六章　高等学校的学生

第五十三条　高等学校的学生应当遵守法律、法规，遵守学生行为规范和学校的各项管理制度，尊敬师长，刻苦学习，增强体质，树立爱国主义、集体主义和社会主义思想，努力学习马克思列宁主义、毛泽东思想、邓小平理论，具有良好的思想品德，掌握较高的科学文化知识和专业技能。

高等学校学生的合法权益，受法律保护。

第五十四条 高等学校的学生应当按照国家规定缴纳学费。

家庭经济困难的学生，可以申请补助或者减免学费。

第五十五条 国家设立奖学金，并鼓励高等学校、企业事业组织、社会团体以及其他社会组织和个人按照国家有关规定设立各种形式的奖学金，对品学兼优的学生、国家规定的专业的学生以及到国家规定的地区工作的学生给予奖励。

国家设立高等学校学生勤工助学基金和贷学金，并鼓励高等学校、企业事业组织、社会团体以及其他社会组织和个人设立各种形式的助学金，对家庭经济困难的学生提供帮助。

获得贷学金及助学金的学生，应当履行相应的义务。

第五十六条 高等学校的学生在课余时间可以参加社会服务和勤工助学活动，但不得影响学业任务的完成。

高等学校应当对学生的社会服务和勤工助学活动给予鼓励和支持，并进行引导和管理。

第五十七条 高等学校的学生，可以在校内组织学生团体。学生团体在法律、法规规定的范围内活动，服从学校的领导和管理。

第五十八条 高等学校的学生思想品德合格，在规定的修业年限内学完规定的课程，成绩合格或者修满相应的学分，准予毕业。

第五十九条 高等学校应当为毕业生、结业生提供就业指导和服务。

国家鼓励高等学校毕业生到边远、艰苦地区工作。

第七章　高等教育投入和条件保障

第六十条 高等教育实行以举办者投入为主、受教育者合理分担培养成本、高等学校多种渠道筹措经费的机制。

国务院和省、自治区、直辖市人民政府依照教育法第五十六条的规定，保证国家举办的高等教育的经费逐步增长。

国家鼓励企业事业组织、社会团体及其他社会组织和个人向高等教育投入。

第六十一条 高等学校的举办者应当保证稳定的办学经费来源，不得抽回其投入的办学资金。

第六十二条　国务院教育行政部门会同国务院其他有关部门根据在校学生年人均教育成本，规定高等学校年经费开支标准和筹措的基本原则；省、自治区、直辖市人民政府教育行政部门会同有关部门制订本行政区域内高等学校年经费开支标准和筹措办法，作为举办者和高等学校筹措办学经费的基本依据。

第六十三条　国家对高等学校进口图书资料、教学科研设备以及校办产业实行优惠政策。高等学校所办产业或者转让知识产权以及其他科学技术成果获得的收益，用于高等学校办学。

第六十四条　高等学校收取的学费应当按照国家有关规定管理和使用，其他任何组织和个人不得挪用。

第六十五条　高等学校应当依法建立、健全财务管理制度，合理使用、严格管理教育经费，提高教育投资效益。

高等学校的财务活动应当依法接受监督。

第八章　附　则

第六十六条　对高等教育活动中违反教育法规定的，依照教育法的有关规定给予处罚。

第六十七条　中国境外个人符合国家规定的条件并办理有关手续后，可以进入中国境内高等学校学习、研究、进行学术交流或者任教，其合法权益受国家保护。

第六十八条　本法所称高等学校是指大学、独立设置的学院和高等专科学校，其中包括高等职业学校和成人高等学校。

本法所称其他高等教育机构是指除高等学校和经批准承担研究生教育任务的科学研究机构以外的从事高等教育活动的组织。

本法有关高等学校的规定适用于其他高等教育机构和经批准承担研究生教育任务的科学研究机构，但是对高等学校专门适用的规定除外。

第六十九条　本法自 1999 年 1 月 1 日起施行。

普通高等学校学生管理规定

中华人民共和国教育部令第41号

《普通高等学校学生管理规定》已于2016年12月16日经教育部2016年第49次部长办公室会议修订通过，现将修订后的《普通高等学校学生管理规定》公布，自2017年9月1日施行。

教育部部长　陈宝生

2017年2月4日

第一章　总　则

第一条　为规范普通高等学校学生管理行为，维护普通高等学校正常的教育教学秩序和生活秩序，保障学生合法权益，培养德、智、体、美等方面全面发展的社会主义建设者和接班人，依据教育法、高等教育法以及有关法律、法规，制定本规定。

第二条　本规定适用于普通高等学校、承担研究生教育任务的科学研究机构（以下称学校）对接受普通高等学历教育的研究生和本科、专科（高职）学生（以下称学生）的管理。

第三条　学校要坚持社会主义办学方向，坚持马克思主义的指导地位，全面贯彻国家教育方针；要坚持以立德树人为根本，以理想信念教育为核心，培育和践行社会主义核心价值观，弘扬中华优秀传统文化和革命文化、社会主义先进文化，培养学生的社会责任感、创新精神和实践能力；要坚持依法治校，科学管理，健全和完善管理制度，规范管理行为，将管理与育人相结合，不断提高管理和服务水平。

第四条　学生应当拥护中国共产党领导，努力学习马克思列宁主义、毛泽东思想、中国特色社会主义理论体系，深入学习习近平总书记系列重要讲话精神和治国理政新理念新思想新战略，坚定中国特色社会主义道路自信、理论自信、制度自信、文化自信，树立中国特色社会主义共同理想；应当树立爱国主义思想，具有团结统一、爱好和平、勤劳勇敢、自强不息的精神；应当增强法治观念，遵守宪法、法律、法规，遵守公民道德规范，遵守学校管理制度，具有良好的道德品质和行为习惯；应当刻苦学习，勇于探索，积极实践，努力掌握现代科学文化知识和专业技能；应当积极锻炼身体，增进身心健康，提高个人修养，培养审美情趣。

第五条 实施学生管理，应当尊重和保护学生的合法权利，教育和引导学生承担应尽的义务与责任，鼓励和支持学生实行自我管理、自我服务、自我教育、自我监督。

第二章 学生的权利与义务

第六条 学生在校期间依法享有下列权利：

（一）参加学校教育教学计划安排的各项活动，使用学校提供的教育教学资源；

（二）参加社会实践、志愿服务、勤工助学、文娱体育及科技文化创新等活动，获得就业创业指导和服务；

（三）申请奖学金、助学金及助学贷款；

（四）在思想品德、学业成绩等方面获得科学、公正评价，完成学校规定学业后获得相应的学历证书、学位证书；

（五）在校内组织、参加学生团体，以适当方式参与学校管理，对学校与学生权益相关事务享有知情权、参与权、表达权和监督权；

（六）对学校给予的处理或者处分有异议，向学校、教育行政部门提出申诉，对学校、教职员工侵犯其人身权、财产权等合法权益的行为，提出申诉或者依法提起诉讼；

（七）法律、法规及学校章程规定的其他权利。

第七条 学生在校期间依法履行下列义务：

（一）遵守宪法和法律、法规；

（二）遵守学校章程和规章制度；

（三）恪守学术道德，完成规定学业；

（四）按规定缴纳学费及有关费用，履行获得贷学金及助学金的相应义务；

（五）遵守学生行为规范，尊敬师长，养成良好的思想品德和行为习惯；

（六）法律、法规及学校章程规定的其他义务。

第三章　学籍管理

第一节　入学与注册

第八条　按国家招生规定录取的新生，持录取通知书，按学校有关要求和规定的期限到校办理入学手续。因故不能按期入学的，应当向学校请假。未请假或者请假逾期的，除因不可抗力等正当事由以外，视为放弃入学资格。

第九条　学校应当在报到时对新生入学资格进行初步审查，审查合格的办理入学手续，予以注册学籍；审查发现新生的录取通知、考生信息等证明材料，与本人实际情况不符，或者有其他违反国家招生考试规定情形的，取消入学资格。

第十条　新生可以申请保留入学资格。保留入学资格期间不具有学籍。保留入学资格的条件、期限等由学校规定。

新生保留入学资格期满前应向学校申请入学，经学校审查合格后，办理入学手续。审查不合格的，取消入学资格；逾期不办理入学手续且未有因不可抗力延迟等正当理由的，视为放弃入学资格。

第十一条　学生入学后，学校应当在3个月内按照国家招生规定进行复查。复查内容主要包括以下方面：

（一）录取手续及程序等是否合乎国家招生规定；

（二）所获得的录取资格是否真实、合乎相关规定；

（三）本人及身份证明与录取通知、考生档案等是否一致；

（四）身心健康状况是否符合报考专业或者专业类别体检要求，能否保证在校正常学习、生活；

（五）艺术、体育等特殊类型录取学生的专业水平是否符合录取要求。

复查中发现学生存在弄虚作假、徇私舞弊等情形的，确定为复查不合格，应当取消学籍；情节严重的，学校应当移交有关部门调查处理。

复查中发现学生身心状况不适宜在校学习，经学校指定的二级甲等以上医院诊断，需要在家休养的，可以按照第十条的规定保留入学资格。

复查的程序和办法，由学校规定。

第十二条　每学期开学时，学生应当按学校规定办理注册手续。不能如期注册的，应当履行暂缓注册手续。未按学校规定缴纳学费或者有其他不符合注册条件的，不予注册。

家庭经济困难的学生可以申请助学贷款或者其他形式资助，办理有关手续后注册。

学校应当按照国家有关规定为家庭经济困难学生提供教育救助，完善学生资助体系，保证学生不因家庭经济困难而放弃学业。

第二节 考核与成绩记载

第十三条 学生应当参加学校教育教学计划规定的课程和各种教育教学环节（以下统称课程）的考核，考核成绩记入成绩册，并归入学籍档案。

考核分为考试和考查两种。考核和成绩评定方式，以及考核不合格的课程是否重修或者补考，由学校规定。

第十四条 学生思想品德的考核、鉴定，以本规定第四条为主要依据，采取个人小结、师生民主评议等形式进行。

学生体育成绩评定要突出过程管理，可以根据考勤、课内教学、课外锻炼活动和体质健康等情况综合评定。

第十五条 学生每学期或者每学年所修课程或者应修学分数以及升级、跳级、留级、降级等要求，由学校规定。

第十六条 学生根据学校有关规定，可以申请辅修校内其他专业或者选修其他专业课程；可以申请跨校辅修专业或者修读课程，参加学校认可的开放式网络课程学习。学生修读的课程成绩（学分），学校审核同意后，予以承认。

第十七条 学生参加创新创业、社会实践等活动以及发表论文、获得专利授权等与专业学习、学业要求相关的经历、成果，可以折算为学分，计入学业成绩。具体办法由学校规定。

学校应当鼓励、支持和指导学生参加社会实践、创新创业活动，可以建立创新创业档案、设置创新创业学分。

第十八条 学校应当健全学生学业成绩和学籍档案管理制度，真实、完整地记载、出具学生学业成绩，对通过补考、重修获得的成绩，应当予以标注。

学生严重违反考核纪律或者作弊的，该课程考核成绩记为无效，并应视其违纪或者作弊情节，给予相应的纪律处分。给予警告、严重警告、记过及留校察看处分的，经教育表现较好，可以对该课程给予补考或者重修机会。

学生因退学等情况中止学业，其在校学习期间所修课程及已获得学分，应当予以记录。学生重新参加入学考试、符合录取条件，再次入学的，其已获得学分，经录取学校认定，可以予以承认。具体办法由学校规定。

第十九条 学生应当按时参加教育教学计划规定的活动。不能按时参加的，应当事先请假并获得批准。无故缺席的，根据学校有关规定给予批评教育，情节严重的，给予相应的纪律处分。

第二十条 学校应当开展学生诚信教育，以适当方式记录学生学业、学术、品行等方面的诚信信息，建立对失信行为的约束和惩戒机制；对有严重失信行为的，可以规定给予相应的纪律处分，对违背学术诚信的，可以对其获得学位及学术称号、荣誉等作出限制。

第三节 转专业与转学

第二十一条 学生在学习期间对其他专业有兴趣和专长的，可以申请转专业；以特殊招生形式录取的学生，国家有相关规定或者录取前与学校有明确约定的，不得转专业。

学校应当制定学生转专业的具体办法，建立公平、公正的标准和程序，健全公示制度。学校根据社会对人才需求情况的发展变化，需要适当调整专业的，应当允许在读学生转到其他相关专业就读。

休学创业或退役后复学的学生，因自身情况需要转专业的，学校应当优先考虑。

第二十二条 学生一般应当在被录取学校完成学业。因患病或者有特殊困难、特别需要，无法继续在本校学习或者不适应本校学习要求的，可以申请转学。有下列情形之一，不得转学：

（一）入学未满一学期或者毕业前一年的；

（二）高考成绩低于拟转入学校相关专业同一生源地相应年份录取成绩的；

（三）由低学历层次转为高学历层次的；

（四）以定向就业招生录取的；

（五）研究生拟转入学校、专业的录取控制标准高于其所在学校、专业的；

（六）无正当转学理由的。

学生因学校培养条件改变等非本人原因需要转学的，学校应当出具证明，由所在地省级教育行政部门协调转学到同层次学校。

第二十三条 学生转学由学生本人提出申请，说明理由，经所在学校和拟转入学校同意，由转入学校负责审核转学条件及相关证明，认为符合本校培养要求且学校有培养能力的，经学校校长办公会或者专题会议研究决定，可以转入。研究生转学还应当经拟转入专业导师同意。

跨省转学的，由转出地省级教育行政部门商转入地省级教育行政部门，按转学条件确认后办理转学手续。须转户口的由转入地省级教育行政部门将有关文件抄送转入学校所在地的公安机关。

第二十四条 学校应当按照国家有关规定，建立健全学生转学的具体办法；对转学情况应当及时进行公示，并在转学完成后3个月内，由转入学校报所在地省级教育行政部门备案。

省级教育行政部门应当加强对区域内学校转学行为的监督和管理，及时纠正违规转学行为。

第四节　休学与复学

第二十五条 学生可以分阶段完成学业，除另有规定外，应当在学校规定的最长学习年限（含休学和保留学籍）内完成学业。

学生申请休学或者学校认为应当休学的，经学校批准，可以休学。休学次数和期限由学校规定。

第二十六条 学校可以根据情况建立并实行灵活的学习制度。对休学创业的学生，可以单独规定最长学习年限，并简化休学批准程序。

第二十七条 新生和在校学生应征参加中国人民解放军（含中国人民武装警察部队），学校应当保留其入学资格或者学籍至退役后2年。

学生参加学校组织的跨校联合培养项目，在联合培养学校学习期间，学校同时为其保留学籍。

学生保留学籍期间，与其实际所在的部队、学校等组织建立管理关系。

第二十八条 休学学生应当办理手续离校。学生休学期间，学校应为其保留学籍，但不享受在校学习学生待遇。因病休学学生的医疗费按国家及当地的有关规定处理。

第二十九条 学生休学期满前应当在学校规定的期限内提出复学申请，经学校复查合格，方可复学。

第五节 退　学

第三十条 学生有下列情形之一，学校可予退学处理：

（一）学业成绩未达到学校要求或者在学校规定的学习年限内未完成学业的；

（二）休学、保留学籍期满，在学校规定期限内未提出复学申请或者申请复学经复查不合格的；

（三）根据学校指定医院诊断，患有疾病或者意外伤残不能继续在校学习的；

（四）未经批准连续两周未参加学校规定的教学活动的；

（五）超过学校规定期限未注册而又未履行暂缓注册手续的；

（六）学校规定的不能完成学业、应予退学的其他情形。

学生本人申请退学的，经学校审核同意后，办理退学手续。

第三十一条 退学学生，应当按学校规定期限办理退学手续离校。退学的研究生，按已有毕业学历和就业政策可以就业的，由学校报所在地省级毕业生就业部门办理相关手续；在学校规定期限内没有聘用单位的，应当办理退学手续离校。

退学学生的档案由学校退回其家庭所在地，户口应当按照国家相关规定迁回原户籍地或者家庭户籍所在地。

第六节　毕业与结业

第三十二条 学生在学校规定学习年限内，修完教育教学计划规定内容，成绩合格，达到学校毕业要求的，学校应当准予毕业，并在学生离校前发给毕业证书。

符合学位授予条件的，学位授予单位应当颁发学位证书。

学生提前完成教育教学计划规定内容，获得毕业所要求的学分，可以申请提前毕业。学生提前毕业的条件，由学校规定。

第三十三条 学生在学校规定学习年限内，修完教育教学计划规定内容，但未达到学校毕业要求的，学校可以准予结业，发给结业证书。

结业后是否可以补考、重修或者补作毕业设计、论文、答辩，以及是否颁发毕业证书、学位证书，由学校规定。合格后颁发的毕业证书、学位证书，毕业时间、获得学位时间按发证日期填写。

对退学学生，学校应当发给肄业证书或者写实性学习证明。

第七节 学业证书管理

第三十四条 学校应当严格按照招生时确定的办学类型和学习形式，以及学生招生录取时填报的个人信息，填写、颁发学历证书、学位证书及其他学业证书。

学生在校期间变更姓名、出生日期等证书需填写的个人信息的，应当有合理、充分的理由，并提供有法定效力的相应证明文件。学校进行审查，需要学生生源地省级教育行政部门及有关部门协助核查的，有关部门应当予以配合。

第三十五条 学校应当执行高等教育学籍学历电子注册管理制度，完善学籍学历信息管理办法，按相关规定及时完成学生学籍学历电子注册。

第三十六条 对完成本专业学业同时辅修其他专业并达到该专业辅修要求的学生，由学校发给辅修专业证书。

第三十七条 对违反国家招生规定取得入学资格或者学籍的，学校应当取消其学籍，不得发给学历证书、学位证书；已发的学历证书、学位证书，学校应当依法予以撤销。对以作弊、剽窃、抄袭等学术不端行为或者其他不正当手段获得学历证书、学位证书的，学校应当依法予以撤销。

被撤销的学历证书、学位证书已注册的，学校应当予以注销并报教育行政部门宣布无效。

第三十八条 学历证书和学位证书遗失或者损坏，经本人申请，学校核实后应当出具相应的证明书。证明书与原证书具有同等效力。

第四章 校园秩序与课外活动

第三十九条 学校、学生应当共同维护校园正常秩序，保障学校环境安全、稳定，保障学生的正常学习和生活。

第四十条 学校应当建立和完善学生参与管理的组织形式，支持和保障学生依法、依章程参与学校管理。

第四十一条 学生应当自觉遵守公民道德规范，自觉遵守学校管理制度，创造和维护文明、整洁、优美、安全的学习和生活环境，树立安全风险防范和自我保护意识，保障自身合法权益。

第四十二条 学生不得有酗酒、打架斗殴、赌博、吸毒，传播、复制、贩卖非法书刊和音像制品等违法行为；不得参与非法传销和进行邪教、封建迷信活动；不得从事或者参与有损大学生形象、有悖社会公序良俗的活动。

学校发现学生在校内有违法行为或者严重精神疾病可能对他人造成伤害的，可以依法采取或者协助有关部门采取必要措施。

第四十三条 学校应当坚持教育与宗教相分离原则。任何组织和个人不得在学校进行宗教活动。

第四十四条 学校应当建立健全学生代表大会制度，为学生会、研究生会等开展活动提供必要条件，支持其在学生管理中发挥作用。

学生可以在校内成立、参加学生团体。学生成立团体，应当按学校有关规定提出书面申请，报学校批准并施行登记和年检制度。

学生团体应当在宪法、法律、法规和学校管理制度范围内活动，接受学校的领导和管理。学生团体邀请校外组织、人员到校举办讲座等活动，需经学校批准。

第四十五条 学校提倡并支持学生及学生团体开展有益于身心健康、成长成才的学术、科技、艺术、文娱、体育等活动。

学生进行课外活动不得影响学校正常的教育教学秩序和生活秩序。

学生参加勤工助学活动应当遵守法律、法规以及学校、用工单位的管理制度，履行勤工助学活动的有关协议。

第四十六条 学生举行大型集会、游行、示威等活动，应当按法律程序和有关规定获得批准。对未获批准的，学校应当依法劝阻或者制止。

第四十七条 学生应当遵守国家和学校关于网络使用的有关规定，不得登录非法网站和传播非法文字、音频、视频资料等，不得编造或者传播虚假、有害信息；不得攻击、侵入他人计算机和移动通信网络系统。

第四十八条 学校应当建立健全学生住宿管理制度。学生应当遵守学校关于学生住宿管理的规定。鼓励和支持学生通过制定公约，实施自我管理。

第五章　奖励与处分

第四十九条　学校、省（区、市）和国家有关部门应当对在德、智、体、美等方面全面发展或者在思想品德、学业成绩、科技创造、体育竞赛、文艺活动、志愿服务及社会实践等方面表现突出的学生，给予表彰和奖励。

第五十条　对学生的表彰和奖励可以采取授予"三好学生"称号或者其他荣誉称号、颁发奖学金等多种形式，给予相应的精神鼓励或者物质奖励。

学校对学生予以表彰和奖励，以及确定推荐免试研究生、国家奖学金、公派出国留学人选等赋予学生利益的行为，应当建立公开、公平、公正的程序和规定，建立和完善相应的选拔、公示等制度。

第五十一条　对有违反法律法规、本规定以及学校纪律行为的学生，学校应当给予批评教育，并可视情节轻重，给予如下纪律处分：

（一）警告；

（二）严重警告；

（三）记过；

（四）留校察看；

（五）开除学籍。

第五十二条　学生有下列情形之一，学校可以给予开除学籍处分：

（一）违反宪法，反对四项基本原则、破坏安定团结、扰乱社会秩序的；

（二）触犯国家法律，构成刑事犯罪的；

（三）受到治安管理处罚，情节严重、性质恶劣的；

（四）代替他人或者让他人代替自己参加考试、组织作弊、使用通信设备或其他器材作弊、向他人出售考试试题或答案牟取利益，以及其他严重作弊或扰乱考试秩序行为的；

（五）学位论文、公开发表的研究成果存在抄袭、篡改、伪造等学术不端行为，情节严重的，或者代写论文、买卖论文的；

（六）违反本规定和学校规定，严重影响学校教育教学秩序、生活秩序以及公共场所管理秩序的；

（七）侵害其他个人、组织合法权益，造成严重后果的；

（八）屡次违反学校规定受到纪律处分，经教育不改的。

第五十三条 学校对学生作出处分，应当出具处分决定书。处分决定书应当包括下列内容：

（一）学生的基本信息；

（二）作出处分的事实和证据；

（三）处分的种类、依据、期限；

（四）申诉的途径和期限；

（五）其他必要内容。

第五十四条 学校给予学生处分，应当坚持教育与惩戒相结合，与学生违法、违纪行为的性质和过错的严重程度相适应。学校对学生的处分，应当做到证据充分、依据明确、定性准确、程序正当、处分适当。

第五十五条 在对学生作出处分或者其他不利决定之前，学校应当告知学生作出决定的事实、理由及依据，并告知学生享有陈述和申辩的权利，听取学生的陈述和申辩。

处理、处分决定以及处分告知书等，应当直接送达学生本人，学生拒绝签收的，可以以留置方式送达；已离校的，可以采取邮寄方式送达；难于联系的，可以利用学校网站、新闻媒体等以公告方式送达。

第五十六条 对学生作出取消入学资格、取消学籍、退学、开除学籍或者其他涉及学生重大利益的处理或者处分决定的，应当提交校长办公会或者校长授权的专门会议研究决定，并应当事先进行合法性审查。

第五十七条 除开除学籍处分以外，给予学生处分一般应当设置6～12个月期限，到期按学校规定程序予以解除。解除处分后，学生获得表彰、奖励及其他权益，不再受原处分的影响。

第五十八条 对学生的奖励、处理、处分及解除处分材料，学校应当真实完整地归入学校文书档案和本人档案。

被开除学籍的学生，由学校发给学习证明。学生按学校规定期限离校，档案由学校退回其家庭所在地，户口应当按照国家相关规定迁回原户籍地或者家庭户籍所在地。

第六章 学生申诉

第五十九条 学校应当成立学生申诉处理委员会，负责受理学生对处理或者处分决定不服提起的申诉。

学生申诉处理委员会应当由学校相关负责人、职能部门负责人、教师代表、学生代表、负责法律事务的相关机构负责人等组成，可以聘请校外法律、教育等方面专家参加。

学校应当制定学生申诉的具体办法，健全学生申诉处理委员会的组成与工作规则，提供必要条件，保证其能够客观、公正地履行职责。

第六十条 学生对学校的处理或者处分决定有异议的，可以在接到学校处理或者处分决定书之日起10日内，向学校学生申诉处理委员会提出书面申诉。

第六十一条 学生申诉处理委员会对学生提出的申诉进行复查，并在接到书面申诉之日起15日内作出复查结论并告知申诉人。情况复杂不能在规定限期内作出结论的，经学校负责人批准，可延长15日。学生申诉处理委员会认为必要的，可以建议学校暂缓执行有关决定。

学生申诉处理委员会经复查，认为做出处理或者处分的事实、依据、程序等存在不当，可以作出建议撤销或变更的复查意见，要求相关职能部门予以研究，重新提交校长办公会或者专门会议作出决定。

第六十二条 学生对复查决定有异议的，在接到学校复查决定书之日起15日内，可以向学校所在地省级教育行政部门提出书面申诉。

省级教育行政部门应当在接到学生书面申诉之日起30个工作日内，对申诉人的问题给予处理并作出决定。

第六十三条 省级教育行政部门在处理因对学校处理或者处分决定不服提起的学生申诉时，应当听取学生和学校的意见，并可根据需要进行必要的调查。根据审查结论，区别不同情况，分别作出下列处理：

（一）事实清楚、依据明确、定性准确、程序正当、处分适当的，予以维持；

（二）认定事实不存在，或者学校超越职权、违反上位法规定作出决定的，责令学校予以撤销；

（三）认定事实清楚，但认定情节有误、定性不准确，或者适用依据有错误的，责令学校变更或者重新作出决定；

（四）认定事实不清、证据不足，或者违反本规定以及学校规定的程序和权限的，责令学校重新作出决定。

第六十四条　自处理、处分或者复查决定书送达之日起,学生在申诉期内未提出申诉的视为放弃申诉,学校或省级教育行政部门不再受理其提出的申诉。

处理、处分或者复查决定书未告知学生申诉期限的,申诉期限自学生知道或者应当知道处理或者处分决定之日起计算,但最长不得超过6个月。

第六十五条　学生认为学校及其工作人员违反本规定,侵害其合法权益的;或者学校制定的规章制度与法律法规和本规定抵触的,可以向学校所在地省级教育行政部门投诉。

教育主管部门在实施监督或者处理申诉、投诉过程中,发现学校及其工作人员有违反法律、法规及本规定的行为或者未按照本规定履行相应义务的,或者学校自行制定的相关管理制度、规定,侵害学生合法权益的,应当责令改正;发现存在违法违纪的,应当及时进行调查处理或者移送有关部门,依据有关法律和相关规定,追究有关责任人的责任。

第七章　附　则

第六十六条　学校对接受高等学历继续教育的学生、港澳台侨学生、留学生的管理,参照本规定执行。

第六十七条　学校应当根据本规定制定或修改学校的学生管理规定或者纪律处分规定,报主管教育行政部门备案(中央部委属校同时抄报所在地省级教育行政部门),并及时向学生公布。

省级教育行政部门根据本规定,指导、检查和监督本地区高等学校的学生管理工作。

第六十八条　本规定自2017年9月1日起施行。原《普通高等学校学生管理规定》(教育部令第21号)同时废止。其他有关文件规定与本规定不一致的,以本规定为准。

高等学校学生行为准则

教学〔2005〕5号

一、志存高远,坚定信念。努力学习马克思列宁主义、毛泽东思想、邓小平理论和"三个代表"重要思想，面向世界，了解国情，确立在中国共产党领导下走社会主义道路、实现中华民族伟大复兴的共同理想和坚定信念，努力成为有理想、有道德、有文化、有纪律的社会主义新人。

二、热爱祖国，服务人民。弘扬民族精神，维护国家利益和民族团结。不参与违反四项基本原则、影响国家统一和社会稳定的活动。培养同人民群众的深厚感情，正确处理国家、集体和个人三者利益关系，增强社会责任感，甘愿为祖国为人民奉献。

三、勤奋学习，自强不息。追求真理，崇尚科学；刻苦钻研，严谨求实；积极实践，勇于创新；珍惜时间，学业有成。

四、遵纪守法，弘扬正气。遵守宪法、法律法规，遵守校纪校规；正确行使权利，依法履行义务；敬廉崇洁，公道正派；敢于并善于同各种违法违纪行为作斗争。

五、诚实守信，严于律己。履约践诺，知行统一；遵从学术规范，恪守学术道德，不作弊，不剽窃；自尊自爱，自省自律；文明使用互联网；自觉抵制黄、赌、毒等不良诱惑。

六、明礼修身，团结友爱。弘扬传统美德，遵守社会公德，男女交往文明；关心集体，爱护公物，热心公益；尊敬师长，友爱同学，团结合作；仪表整洁，待人礼貌；豁达宽容，积极向上。

七、勤俭节约，艰苦奋斗。热爱劳动，珍惜他人和社会劳动成果；生活俭朴，杜绝浪费；不追求超越自身和家庭实际的物质享受。

八、强健体魄，热爱生活。积极参加文体活动，提高身体素质，保持心理健康；磨砺意志，不怕挫折，提高适应能力；增强安全意识，防止意外事故；关爱自然，爱护环境，珍惜资源。

普通高等学校学生安全教育及管理暂行规定

（国家教育委员会教学〔1992〕7号文件）

第一章 总 则

第一条 为了加强高等学校管理，维护正常的教学和生活程序，保障学生人身和财物的安全，促进身心健康发展，特制定本暂行规定。

第二条 高等学校学生安全教育及管理的主要任务是，宣传、贯彻国家有关安全管理工作的方针、政策、法律、法规，对学生实施安全教育及管理，妥善处理各类安全事故，引导学生健康成长。

第三条 高等学校学生安全教育及管理，要以预防为主，本着保护学生、教育先行、明确责任、教管结合、实事求是、妥善处理的原则，做好教育、管理和处理工作。

第四条 本暂行规定所称学生指在普通高等学校学习取得学籍的全日制学生，即按国家任务、用人单位委托培养、自费三种计划形式录取的学生。

第二章 安全教育

第五条 高等学校应将对学生进行安全教育作为一项经常性工作，列入学校工作的重要议事日程，加强领导。学校各部门和有关群众团体或组织要相互配合，积极开展安全教育，普及安全知识，增强学生的安全意识和法制观点，提高防范能力。

第六条 学生安全教育应根据不同专业及青年学生的特点，从学生入学到毕业，在各种教学活动和日常生活中，特别是节假日前适时进行，并善于利用发生的安全事故教育学生，防患于未然。学校应根据环境、季节及有关规律进行防盗、防火、防特、防病、防事故等方面的教育，并使之经常化、制度化。

第七条 学校对学生进行安全教育须注重心理疏导，加强思想政治工作，教育学生注意保持健康的心理状态，帮助学生克服因各种原因造成的心理障碍，把事故消除在萌芽状态。

第三章 安全管理

第八条 高等学校要做好学生日常安全管理工作，加强安全防范，建立和健全规章制度，严格管理，学校要把安全教育及管理工作纳入领导任期的责任目标，落实到年级、班主任，学校应由一名校领导主要负责。

第九条 高等学校应确定学生安全教育及管理工作的主管部门，明确其职责，具体组织实施安全教育及其管理工作。各有关部门应分工协作，积极配合。

第十条 全体教职工要从关心学生、爱护学生出发，树立安全思想，努力做好本职工作和改善环境与条件，保护学生人身和财产安全。

第十一条 学生发生意外事故以及学生要求保护人身或财物安全等情况时，学校应迅速采取有效措施。

第十二条 学生必须严格遵守国家法律、法规和学校的各项规章制度，注意自身的人身和财物安全，防止各种事故的发生。

第十三条 学生在日常教学及各项活动中，应遵守纪律和有关规定，听从指导，服从管理；在公共场所，要遵守社会公德，增强安全防范意识，提高自我保护能力。

第十四条 学生组织集体课外活动，须经学校同意，按学校规定进行。学校须认真进行安全审查，条件不具备时不得批准。

第十五条 学生应严格遵守宿舍管理的规定，自觉维护宿舍的安全与卫生，提高自我管理能力。

第十六条 发现刑事、治安案件或交通、灾害等事故，在场学生应保护现场，及时报告学校或公安部门并协助处理，在学校范围内的，学校应迅速采取措施，控制事态发展，减轻伤害和损失。

第四章 事故处理

第十七条 学生人身和财产发生一般伤害后，学校要及时调查处理，根据当事人或他人的过错，责令其赔偿损失，并给予批评教育或相应的行政、纪律处分。在校园内，发生学生非正常死亡、重伤或被窃、失火等造成财产重大损失事故后，学校应迅速采取措施进行抢救、保护现场，同时加强思想政治工作，稳定情绪，恢复秩序，并协同地方有关部门妥善处理。

第十八条 学校对事故调查后认为涉及追究刑事责任的，要及时与公安部门联系，协助调查处理。重大事故学校有关领导应亲自参与调查工作，并认真研究调查报告，及时处理。

第十九条 在安全管理或事故处理过程中，学校认为有必要需搜查学生住处，须报请公安部门依法进行。调查处理案件中要以事实为依据，不得逼供或诱供。

第二十条 重大事故发生后，学校应在一天内向所在省（自治区、直辖市）有关主管部门报告，并及时通知学生家长。事故处理结束后一周内书面报告有关主管部门。

第二十一条 学生在教学、实习过程与日常生活中，因学校或有关单位责任发生死亡、重伤或残疾，由学校或有关单位承担责任，做好处理及善后工作。在教学、实习过程与日常生活中，学生因不遵守纪律或不按要求活动而发生意外事故，学校不承担责任。

第二十二条 因忽视安全生产，管理不善，工作不负责任，违章指挥，玩忽职守，徇私舞弊等，对学生造成严重的人身、财物损害的，由其所在单位或上级部门，视具体情况对有关责任人员分别给予责令检查、赔偿损失、行政处分，直到依法追究刑事责任。

第二十三条 学生未经批准擅自离校不归发生意外事故的，学校不承担责任。对擅自离校不归，学校不知去向的学生，学校应及时寻找并报告当地公安部门，及时通知学生家长。半月未归且不说明原因者，学校可张榜公布，按自动退学除名。

第二十四条 学生假期或办理离校手续后发生意外事故的，学校不承担责任。

第二十五条 在校内正常生活及由学校在外组织的活动中，由于不能避免的原因或自然灾害而发生的事故，由学校视具体情况处理。

第二十六条 有条件的高等学校可为学生办理人身保险。

第二十七条 凡经学校指定的专业医院确诊为精神病、癫痫病患者的学生，应予退学，由其监护人负责领回。学生及其监护人不得无理纠缠，扰乱学校教学、生活秩序。

第二十八条 因事故伤残的学生，经治疗后病情稳定，学校认为生活能自理，能坚持在校学习，可留校继续学习，不能坚持在校学习者，应予退学，由学校按其实际学习年限发给肄业证书，并根据事故性质和伤残程度一次性给予适当经济补助。退学学生回其监护人所在地，当地民政等有关部门应协助做好接收、落户等工作，由当地劳动部门按国家关于残疾人劳动就业有关规定安置。

第二十九条 学生因病死亡和责任不由学校承担的意外死亡，学校不承担丧葬费。如家庭确有困难者，学校可酌情予以一次性经济补助。

第三十条 因责任不在本人的意外死亡学生，由学校或有关单位参照国家关于事业职业死亡丧葬有关规定处理，负担丧葬费的全部，学校可一次性给予适当经济补助。无论何种情况（事故）给予的经济补助，一般不超过国家规定的学生在校期间（以四年计）的平均奖学金数。凡是事故责任由学校以外的其他单位、个人承担的，学校不再给予经济补助。

第三十一条 因保护国家财产和他人人身安全，见义勇为而致残或英勇牺牲的学生，学校应报请所在省（自治区、直辖市）人民政府授予荣誉称号，并给予相应的待遇。

第三十二条 对事故处理不服或持有异议者，可向学校或学校上一级部门申诉，或者依法向人民法院提起民事诉讼。

第五章 附 则

第三十三条 普通高等学校研究生事故处理，参照本办法执行。

第三十四条 本暂行规定结合《普通高等学校学生管理规定》《高等学校校园秩序管理若干规定》试行。

第三十五条 各省、自治区、直辖市教育行政部门和各高等学校可根据本暂行规定制定实施细则。

第三十六条 本暂行规定由国家教育委员会解释。

第三十七条 本暂行规定自发布之日起试行。

国家教育委员会
一九九二年四月十五日

学生伤害事故处理办法

中华人民共和国教育部令第 12 号

第一章 总 则

第一条 为积极预防、妥善处理在校学生伤害事故，保护学生、学校的合法权益，根据《中华人民共和国教育法》《中华人民共和国未成年人保护法》和其他相关法律、行政法规及有关规定，制定本办法。

第二条 在学校实施的教育教学活动或者学校组织的校外活动中，以及在学校负有管理责任的校舍、场地、其他教育教学设施、生活设施内发生的，造成在校学生人身损害后果的事故的处理，适用本办法。

第三条 学生伤害事故应当遵循依法、客观公正、合理适当的原则，及时、妥善地处理。

第四条 学校的举办者应当提供符合安全标准的校舍、场地、其他教育教学设施和生活设施。

教育行政部门应当加强学校安全工作，指导学校落实预防学生伤害事故的措施，指导、协助学校妥善处理学生伤害事故，维护学校正常的教育教学秩序。

第五条 学校应当对在校学生进行必要的安全教育和自护自救教育；应当按照规定，建立健全安全制度，采取相应的管理措施，预防和消除教育教学环境中存在的安全隐患；当发生伤害事故时，应当及时采取措施救助受伤害学生。

学校对学生进行安全教育、管理和保护，应当针对学生年龄、认知能力和法律行为能力的不同，采用相应的内容和预防措施。

第六条 学生应当遵守学校的规章制度和纪律；在不同的受教育阶段，应当根据自身的年龄、认知能力和法律行为能力，避免和消除相应的危险。

第七条 未成年学生的父母或者其他监护人（以下称为监护人）应当依法履行监护职责，配合学校对学生进行安全教育、管理和保护工作。

学校对未成年学生不承担监护职责，但法律有规定的或者学校依法接受委托承担相应监护职责的情形除外。

第二章 事故与责任

第八条 学生伤害事故的责任，应当根据相关当事人的行为与损害后果之间的因果关系依法确定。

因学校、学生或者其他相关当事人的过错造成的学生伤害事故，相关当事人应当根据其行为过错程度的比例及其与损害后果之间的因果关系承担相应的责任。当事人的行为是损害后果发生的主要原因，应当承担主要责任；当事人的行为是损害后果发生的非主要原因，承担相应的责任。

第九条 因下列情形之一造成的学生伤害事故，学校应当依法承担相应的责任：

（一）学校的校舍、场地、其他公共设施，以及学校提供给学生使用的学具、教育教学和生活设施、设备不符合国家规定的标准，或者有明显不安全因素的；

（二）学校的安全保卫、消防、设施设备管理等安全管理制度有明显疏漏，或者管理混乱，存在重大安全隐患，而未及时采取措施的；

（三）学校向学生提供的药品、食品、饮用水等不符合国家或者行业的有关标准、要求的；

（四）学校组织学生参加教育教学活动或者校外活动，未对学生进行相应的安全教育，并未在可预见的范围内采取必要的安全措施的；

（五）学校知道教师或者其他工作人员患有不适宜担任教育教学工作的疾病，但未采取必要措施的；

（六）学校违反有关规定，组织或者安排未成年学生从事不宜未成年人参加的劳动、体育运动或者其他活动的；

（七）学生有特异体质或者特定疾病，不宜参加某种教育教学活动，学校知道或者应当知道，但未予以必要的注意的；

（八）学生在校期间突发疾病或者受到伤害，学校发现，但未根据实际情况及时采取相应措施，导致不良后果加重的；

（九）学校教师或者其他工作人员体罚或者变相体罚学生，或者在履行职责过程中违反工作要求、操作规程、职业道德或者其他有关规定的；

（十）学校教师或者其他工作人员在负有组织、管理未成年学生的职责期间，发现学生行为具有危险性，但未进行必要的管理、告诫或者制止的；

（十一）对未成年学生擅自离校等与学生人身安全直接相关的信息，学校发现或者知道，但未及时告知未成年学生的监护人，导致未成年学生因脱离监护人的保护而发生伤害的；

（十二）学校有未依法履行职责的其他情形的。

第十条 学生或者未成年学生监护人由于过错，有下列情形之一，造成学生伤害事故，应当依法承担相应的责任：

（一）学生违反法律法规的规定，违反社会公共行为准则、学校的规章制度或者纪律，实施按其年龄和认知能力应当知道具有危险或者可能危及他人的行为的；

（二）学生行为具有危险性，学校、教师已经告诫、纠正，但学生不听劝阻、拒不改正的；

（三）学生或者其监护人知道学生有特异体质，或者患有特定疾病，但未告知学校的；

（四）未成年学生的身体状况、行为、情绪等有异常情况，监护人知道或者已被学校告知，但未履行相应监护职责的；

（五）学生或者未成年学生监护人有其他过错的。

第十一条 学校安排学生参加活动，因提供场地、设备、交通工具、食品及其他消费与服务的经营者，或者学校以外的活动组织者的过错造成的学生伤害事故，有过错的当事人应当依法承担相应的责任。

第十二条 因下列情形之一造成的学生伤害事故，学校已履行了相应职责，行为并无不当的，无法律责任：

（一）地震、雷击、台风、洪水等不可抗的自然因素造成的；

（二）来自学校外部的突发性、偶发性侵害造成的；

（三）学生有特异体质、特定疾病或者异常心理状态，学校不知道或者难于知道的；

（四）学生自杀、自伤的；

（五）在对抗性或者具有风险性的体育竞赛活动中发生意外伤害的；

（六）其他意外因素造成的。

第十三条 下列情形下发生的造成学生人身损害后果的事故，学校行为并无不当的，不承担事故责任；事故责任应当按有关法律法规或者其他有关规定认定：

（一）在学生自行上学、放学、返校、离校途中发生的；

（二）在学生自行外出或者擅自离校期间发生的；

（三）在放学后、节假日或者假期等学校工作时间以外，学生自行滞留学校或者自行到校发生的；

（四）其他在学校管理职责范围外发生的。

第十四条 因学校教师或者其他工作人员与其职务无关的个人行为，

或者因学生、教师及其他个人故意实施的违法犯罪行为，造成学生人身损害的，由致害人依法承担相应的责任。

第三章　事故处理程序

第十五条　发生学生伤害事故，学校应当及时救助受伤害学生，并应当及时告知未成年学生的监护人；有条件的，应当采取紧急救援等方式救助。

第十六条　发生学生伤害事故，情形严重的，学校应当及时向主管教育行政部门及有关部门报告；属于重大伤亡事故的，教育行政部门应当按照有关规定及时向同级人民政府和上一级教育行政部门报告。

第十七条　学校的主管教育行政部门应学校要求或者认为必要，可以指导、协助学校进行事故的处理工作，尽快恢复学校正常的教育教学秩序。

第十八条　发生学生伤害事故，学校与受伤害学生或者学生家长可以通过协商方式解决；双方自愿，可以书面请求主管教育行政部门进行调解。

成年学生或者未成年学生的监护人也可以依法直接提起诉讼。

第十九条　教育行政部门收到调解申请，认为必要的，可以指定专门人员进行调解，并应当在受理申请之日起60日内完成调解。

第二十条　经教育行政部门调解，双方就事故处理达成一致意见的，应当在调解人员的见证下签订调解协议，结束调解；在调解期限内，双方不能达成一致意见，或者调解过程中一方提起诉讼，人民法院已经受理的，应当终止调解。

调解结束或者终止，教育行政部门应当书面通知当事人。

第二十一条　对经调解达成的协议，一方当事人不履行或者反悔的，双方可以依法提起诉讼。

第二十二条　事故处理结束，学校应当将事故处理结果书面报告主管的教育行政部门；重大伤亡事故的处理结果，学校主管的教育行政部门应当向同级人民政府和上一级教育行政部门报告。

第四章　事故损害的赔偿

第二十三条　对发生学生伤害事故负有责任的组织或者个人，应当按照法律法规的有关规定，承担相应的损害赔偿责任。

第二十四条 学生伤害事故赔偿的范围与标准，按照有关行政法规、地方性法规或者最高人民法院司法解释中的有关规定确定。

教育行政部门进行调解时，认为学校有责任的，可以依照有关法律法规及国家有关规定，提出相应的调解方案。

第二十五条 对受伤害学生的伤残程度存在争议的，可以委托当地具有相应鉴定资格的医院或者有关机构，依据国家规定的人体伤残标准进行鉴定。

第二十六条 学校对学生伤害事故负有责任的，根据责任大小，适当予以经济赔偿，但不承担解决户口、住房、就业等与救助受伤害学生、赔偿相应经济损失无直接关系的其他事项。

学校无责任的，如果有条件，可以根据实际情况，本着自愿和可能的原则，对受伤害学生给予适当的帮助。

第二十七条 因学校教师或者其他工作人员在履行职务中的故意或者重大过失造成的学生伤害事故，学校予以赔偿后，可以向有关责任人员追偿。

第二十八条 未成年学生对学生伤害事故负有责任的，由其监护人依法承担相应的赔偿责任。

学生的行为侵害学校教师及其他工作人员以及其他组织、个人的合法权益，造成损失的，成年学生或者未成年学生的监护人应当依法予以赔偿。

第二十九条 根据双方达成的协议、经调解形成的协议或者人民法院的生效判决，应当由学校负担的赔偿金，学校应当负责筹措；学校无力完全筹措的，由学校的主管部门或者举办者协助筹措。

第三十条 县级以上人民政府教育行政部门或者学校举办者有条件的，可以通过设立学生伤害赔偿准备金等多种形式，依法筹措伤害赔偿金。

第三十一条 学校有条件的，应当依据保险法的有关规定，参加学校责任保险。

教育行政部门可以根据实际情况，鼓励中小学参加学校责任保险。

提倡学生自愿参加意外伤害保险。在尊重学生意愿的前提下，学校可以为学生参加意外伤害保险创造便利条件，但不得从中收取任何费用。

第五章　事故责任者的处理

第三十二条　发生学生伤害事故，学校负有责任且情节严重的，教育行政部门应当根据有关规定，对学校的直接负责的主管人员和其他直接责任人员，分别给予相应的行政处分；有关责任人的行为触犯刑律的，应当移送司法机关依法追究刑事责任。

第三十三条　学校管理混乱，存在重大安全隐患的，主管的教育行政部门或者其他有关部门应当责令其限期整顿；对情节严重或者拒不改正的，应当依据法律法规的有关规定，给予相应的行政处罚。

第三十四条　教育行政部门未履行相应职责，对学生伤害事故的发生负有责任的，由有关部门对直接负责的主管人员和其他直接责任人员分别给予相应的行政处分；有关责任人的行为触犯刑律的，应当移送司法机关依法追究刑事责任。

第三十五条　违反学校纪律，对造成学生伤害事故负有责任的学生，学校可以给予相应的处分；触犯刑律的，由司法机关依法追究刑事责任。

第三十六条　受伤害学生的监护人、亲属或者其他有关人员，在事故处理过程中无理取闹，扰乱学校正常教育教学秩序，或者侵犯学校、学校教师或者其他工作人员的合法权益的，学校应当报告公安机关依法处理；造成损失的，可以依法要求赔偿。

第六章　附　则

第三十七条　本办法所称学校，是指国家或者社会力量举办的全日制的中小学（含特殊教育学校）、各类中等职业学校、高等学校。

本办法所称学生是指在上述学校中全日制就读的受教育者。

第三十八条　幼儿园发生的幼儿伤害事故，应当根据幼儿为完全无行为能力人的特点，参照本办法处理。

第三十九条　其他教育机构发生的学生伤害事故，参照本办法处理。

在学校注册的其他受教育者在学校管理范围内发生的伤害事故，参照本办法处理。

第四十条　本办法自 2002 年 9 月 1 日起实施，原国家教委、教育部颁布的与学生人身安全事故处理有关的规定,与本办法不符的,以本办法为准。

在本办法实施之前已处理完毕的学生伤害事故不再重新处理。

高等学校校园秩序管理若干规定

国家教育委员会令第 13 号
(1990 年 9 月 18 日发布)

第一条 为了优化育人环境,加强高等学校校园管理,维护教学、科研、生活秩序和安定团结的局面,建立有利于培养社会主义现代化建设专门人才的校园秩序,制定本规定。

第二条 本规定所称的高等学校(以下简称"学校")是指全日制普通高等学校和成人高等学校。

本规定所称的师生员工是指学校的教师(包括外籍教师)、学生(包括外国在华留学生)、教育教学辅助人员、管理人员和工勤人员。

第三条 学校的师生员工以及其他到学校活动的人员都应当遵守本规定,维护宪法确立的根本制度和国家利益,维护学校的教学、科研秩序和生活秩序。

学校应当加强校园管理,采取措施,及时有效地预防和制止校园内的违反法律、法规、校规的活动。

第四条 学校应当尊重和维护师生员工的人身权利、政治权利、教育和受教育的权利以及法律规定的其他权利,不得限制、剥夺师生员工的权利。

第五条 进入学校的人员,必须持有本校的学生证、工作证、听课证或者学校颁发的其他进入学校的证章、证件。

未持有前款规定的证章、证件的国内人员进入学校,应当向门卫登记后进入学校。

第六条 国内新闻记者进入学校采访,必须持有记者证和采访介绍信,在通知学校有关机构后,方可进入学校采访。

外国新闻记者和港澳台新闻记者进入学校采访,必须持有学校所在省、自治区、直辖市人民政府外事机关或港澳台办的介绍信和记者证,并在进校采访前与学校外事机构联系,经许可后方可进入学校采访。

第七条　外国人、港澳台人员进入学校进行公务、业务活动,应当经过省、自治区、直辖市或者国务院有关部门同意并告知学校后,或按学术交流计划经学校主管领导研究同意后,方可进入学校。自行要求进入学校的外国人、港澳台人员,应当在学校外事机构或港澳台办批准后,方可进入学校。接受师生员工个人邀请进入学校探亲访友的外国人、港澳台人员,应当履行门卫登记手续后进入学校。

第八条　依照本规定第五条、第六条、第七条的规定进入学校的人员,应当遵守法律、法规、规章和学校的制度,不得从事与其身份不符的活动,不得危害校园治安。

对违反本规定第五条、第六条、第七条和本条前款规定的人员,师生员工有权向学校保卫机构报告,学校保卫机构可以要求其说明情况或者责令其离开学校。

第九条　学生一般不得在学生宿舍留宿校外人员,遇有特殊情况留宿校外人员,应当报请学校有关机构许可,并且进行留宿登记,留宿人离校应注销登记。不得在学生宿舍内留宿异性。

违反前款规定的,学校保卫机构可以责令留宿人离开学生宿舍。

第十条　告示、通知、启事、广告等,应当张贴在学校指定或者许可的地点。散发宣传品、印刷品应当经过学校有关机构同意。对于张贴、散发反对我国宪法确立的根本制度、损害国家利益或者侮辱诽谤他人的公开张贴物、宣传品和印刷品的当事者,由司法机关依法追究其法律责任。

第十一条　在校园设置临时或者永久建筑物以及安装音响、广播、电视设施,设置者、安装者应当报请学校有关机构审批,未经批准不得擅自设置、安装。

师生员工或者有关团体、组织使用学校的广播、电视设施,必须报请学校有关机构批准,禁止任何组织或者个人擅自使用学校广播、电视设施。

违反第一款、第二款、第三款规定的,学校有关机构可以劝其停止设置、安装或者停止活动,已经设置、安装的,学校有关机构可以拆除,或者责令设置者、安装者拆除。

第十二条 在校内举行集会、讲演等公共活动，组织者必须在七十二小时前向学校有关机构提出申请，申请中应当说明活动的目的、人数、时间、地点和负责人的姓名。学校有关机构应当最迟在举行时间的四小时前将许可或者不许可的决定通知组织者。逾期未通知的，视为许可。

集会、讲演等应符合我国的教育方针和相应的法规、规章，不得反对我国宪法确立的根本制度，不得干扰学校的教学、科研和生活秩序，不得损害国家财产和其他公民的权利。

第十三条 在校内组织讲座、报告等室内活动，组织者应当在七十二小时前向学校有关机构提出申请，申请中应当说明活动的内容、报告人和负责人的姓名。学校有关机构应当最迟在举行时间的四小时前将许可或者不许可的决定通知组织者。逾期未通知的，视为许可。

讲座、报告等不得反对我国宪法确立的根本制度，不得违反我国的教育方针，不得宣传封建迷信，不得进行宗教活动，不得干扰学校的教学、科研和生活秩序。

第十四条 师生员工应当严格按照学校的安排进行教学、科研、生活和其他活动，任何人都不得破坏学校的教学、科研和生活秩序，不得阻止他人根据学校的安排进行教学、科研、生活和其他活动。

禁止师生员工赌博、酗酒、打架斗殴以及其他干扰学校的教学、科研和生活秩序的行为。

第十五条 师生员工组织社会团体，应当按照《社会团体登记管理条例》的规定办理。成立校内非社会团体的组织，应当在成立前由其组织者报请学校有关机构批准，未经批准不得成立和开展活动。

校内非社会团体的组织和校内报刊必须遵守法律、法规、规章，贯彻我国的教育方针和遵守学校的制度，接受学校的管理，不得进行超出其宗旨的活动。

第十六条 违反本规定第十二条、第十三条、第十四条和第十五条的规定的，学校有关机构可以责令其组织者以及其他当事人立即停止活动。违反本规定第十二条第二款的规定，损害国家财产的，学校有关机构可以责令其赔偿损失。

第十七条 禁止无照人员在校园内经商。设在校园内的商业网点必须在指定地点经营。违反前款规定的，学校有关机构可以责令其停止经商活动或者离开校园。

第十八条 对违反本规定，经过劝告、制止仍不改正的师生员工，学校可视情节给予行政处分或者纪律处分；属于违反治安管理行为的，由公安机关依法处理；情节严重构成犯罪的，由司法机关处理。

师生员工对学校的处分不服的，可以向有关教育行政部门提出申诉，教育行政部门应当在接到申诉的三十日内作出处理决定。

对违反本规定，经劝告、制止仍不改正的校外人员，由公安、司法机关根据情节依法处理。

第十九条 各高等学校可以根据本规定制定具体管理制度。

第二十条 本规定自发布之日起施行。

国家教育考试违规处理办法

2004年5月19日中华人民共和国教育部令第18号发布，根据2012年1月5日《教育部关于修改〈国家教育考试违规处理办法〉的决定》修正

第一章 总 则

第一条 为规范对国家教育考试违规行为的认定与处理，维护国家教育考试的公平、公正，保障参加国家教育考试的人员（以下简称考生）、从事和参与国家教育考试工作的人员（以下简称考试工作人员）的合法权益，根据《中华人民共和国教育法》及相关法律、行政法规，制定本办法。

第二条 本办法所称国家教育考试是指普通和成人高等学校招生考试、全国硕士研究生招生考试、高等教育自学考试等，由国务院教育行政部门确定实施，由经批准的实施教育考试的机构承办，面向社会公开、统一举行，其结果作为招收学历教育学生或者取得国家承认学历、学位证书依据的测试活动。

第三条 对参加国家教育考试的考生以及考试工作人员、其他相关人员，违反考试管理规定和考场纪律，影响考试公平、公正行为的认定与处理，适用本办法。

对国家教育考试违规行为的认定与处理应当公开公平、合法适当。

第四条 国务院教育行政部门及地方各级人民政府教育行政部门负责全国或者本地区国家教育考试组织工作的管理与监督。

承办国家教育考试的各级教育考试机构负责有关考试的具体实施,依据本办法,负责对考试违规行为的认定与处理。

第二章 违规行为的认定与处理

第五条 考生不遵守考场纪律,不服从考试工作人员的安排与要求,有下列行为之一的,应当认定为考试违纪:

(一)携带规定以外的物品进入考场或者未放在指定位置的;

(二)未在规定的座位参加考试的;

(三)考试开始信号发出前答题或者考试结束信号发出后继续答题的;

(四)在考试过程中旁窥、交头接耳、互打暗号或者手势的;

(五)在考场或者教育考试机构禁止的范围内,喧哗、吸烟或者实施其他影响考场秩序的行为的;

(六)未经考试工作人员同意在考试过程中擅自离开考场的;

(七)将试卷、答卷(含答题卡、答题纸等,下同)、草稿纸等考试用纸带出考场的;

(八)用规定以外的笔或者纸答题或者在试卷规定以外的地方书写姓名、考号或者以其他方式在答卷上标记信息的;

(九)其他违反考场规则但尚未构成作弊的行为。

第六条 考生违背考试公平、公正原则,在考试过程中有下列行为之一的,应当认定为考试作弊:

(一)携带与考试内容相关的材料或者存储有与考试内容相关资料的电子设备参加考试的;

(二)抄袭或者协助他人抄袭试题答案或者与考试内容相关的资料的;

(三)抢夺、窃取他人试卷、答卷或者胁迫他人为自己抄袭提供方便的;

(四)携带具有发送或者接收信息功能的设备的;

(五)由他人冒名代替参加考试的;

(六)故意销毁试卷、答卷或者考试材料的;

（七）在答卷上填写与本人身份不符的姓名、考号等信息的；

（八）传、接物品或者交换试卷、答卷、草稿纸的；

（九）其他以不正当手段获得或者试图获得试题答案、考试成绩的行为。

第七条 教育考试机构、考试工作人员在考试过程中或者在考试结束后发现下列行为之一的，应当认定相关的考生实施了考试作弊行为：

（一）通过伪造证件、证明、档案及其他材料获得考试资格、加分资格和考试成绩的；

（二）评卷过程中被认定为答案雷同的；

（三）考场纪律混乱、考试秩序失控，出现大面积考试作弊现象的；

（四）考试工作人员协助实施作弊行为，事后查实的；

（五）其他应认定为作弊的行为。

第八条 考生及其他人员应当自觉维护考试秩序，服从考试工作人员的管理，不得有下列扰乱考试秩序的行为：

（一）故意扰乱考点、考场、评卷场所等考试工作场所秩序；

（二）拒绝、妨碍考试工作人员履行管理职责；

（三）威胁、侮辱、诽谤、诬陷或者以其他方式侵害考试工作人员、其他考生合法权益的行为；

（四）故意损坏考场设施设备；

（五）其他扰乱考试管理秩序的行为。

第九条 考生有第五条所列考试违纪行为之一的，取消该科目的考试成绩。

考生有第六条、第七条所列考试作弊行为之一的，其所报名参加考试的各阶段、各科成绩无效；参加高等教育自学考试的，当次考试各科成绩无效。

有下列情形之一的，可以视情节轻重，同时给予暂停参加该项考试1～3年的处理；情节特别严重的，可以同时给予暂停参加各种国家教育考试1～3年的处理：

（一）组织团伙作弊的；

（二）向考场外发送、传递试题信息的；

（三）使用相关设备接收信息实施作弊的；

（四）伪造、变造身份证、准考证及其他证明材料，由他人代替或者代替考生参加考试的。

参加高等教育自学考试的考生有前款严重作弊行为的，也可以给予延迟毕业时间1~3年的处理，延迟期间考试成绩无效。

第十条 考生有第八条所列行为之一的，应当终止其继续参加本科目考试，其当次报名参加考试的各科成绩无效；考生及其他人员的行为违反《中华人民共和国治安管理处罚法》的，由公安机关进行处理；构成犯罪的，由司法机关依法追究刑事责任。

第十一条 考生以作弊行为获得的考试成绩并由此取得相应的学位证书、学历证书及其他学业证书、资格资质证书或者入学资格的，由证书颁发机关宣布证书无效，责令收回证书或者予以没收；已经被录取或者入学的，由录取学校取消其录取资格或者其学籍。

第十二条 在校学生、在职教师有下列情形之一的，教育考试机构应当通报其所在学校，由学校根据有关规定严肃处理，直至开除学籍或者予以解聘：

（一）代替考生或者由他人代替参加考试的；

（二）组织团伙作弊的；

（三）为作弊组织者提供试题信息、答案及相应设备等参与团伙作弊行为的。

第十三条 考试工作人员应当认真履行工作职责，在考试管理、组织及评卷等工作过程中，有下列行为之一的，应当停止其参加当年及下一年度的国家教育考试工作，并由教育考试机构或者建议其所在单位视情节轻重分别给予相应的行政处分：

（一）应回避考试工作却隐瞒不报的；

（二）擅自变更考试时间、地点或者考试安排的；

（三）提示或暗示考生答题的；

（四）擅自将试题、答卷或者有关内容带出考场或者传递给他人的；

（五）未认真履行职责，造成所负责考场出现秩序混乱、作弊严重或者视频录像资料损毁、视频系统不能正常工作的；

（六）在评卷、统分中严重失职，造成明显的错评、漏评或者积分差错的；

（七）在评卷中擅自更改评分细则或者不按评分细则进行评卷的；

（八）因未认真履行职责，造成所负责考场出现雷同卷的；

（九）擅自泄露评卷、统分等应予保密的情况的；

（十）其他违反监考、评卷等管理规定的行为。

第十四条 考试工作人员有下列作弊行为之一的，应当停止其参加国家教育考试工作，由教育考试机构或者其所在单位视情节轻重分别给予相应的行政处分，并调离考试工作岗位；情节严重，构成犯罪的，由司法机关依法追究刑事责任：

（一）为不具备参加国家教育考试条件的人员提供假证明、证件、档案，使其取得考试资格或者考试工作人员资格的；

（二）因玩忽职守，致使考生未能如期参加考试的或者使考试工作遭受重大损失的；

（三）利用监考或者从事考试工作之便，为考生作弊提供条件的；

（四）伪造、变造考生档案（含电子档案）的；

（五）在场外组织答卷、为考生提供答案的；

（六）指使、纵容或者伙同他人作弊的；

（七）偷换、涂改考生答卷、考试成绩或者考场原始记录材料的；

（八）擅自更改或者编造、虚报考试数据、信息的；

（九）利用考试工作便利，索贿、受贿、以权徇私的；

（十）诬陷、打击报复考生的。

第十五条 因教育考试机构管理混乱、考试工作人员玩忽职守，造成考点或者考场纪律混乱，作弊现象严重；或者同一考点同一时间的考试有1/5以上考场存在雷同卷的，由教育行政部门取消该考点当年及下一年度承办国家教育考试的资格；高等教育自学考试考区内一个或者一个以上专业考试纪律混乱，作弊现象严重，由高等教育自学考试管理机构给予该考区警告或者停考该考区相应专业1～3年的处理。

对出现大规模作弊情况的考场、考点的相关责任人、负责人及所属考区的负责人，有关部门应当分别给予相应的行政处分；情节严重，构成犯罪的，由司法机关依法追究刑事责任。

第十六条 违反保密规定，造成国家教育考试的试题、答案及评分参考（包括副题及其答案及评分参考，下同）丢失、损毁、泄密，或者使考生答卷在保密期限内发生重大事故的，由有关部门视情节轻重，分别给予责任人和有关负责人行政处分；构成犯罪的，由司法机关依法追究刑事责任。

盗窃、损毁、传播在保密期限内的国家教育考试试题、答案及评分参考、考生答卷、考试成绩的，由有关部门依法追究有关人员的责任；构成犯罪的，由司法机关依法追究刑事责任。

第十七条 有下列行为之一的，由教育考试机构建议行为人所在单位给予行政处分；违反《中华人民共和国治安管理处罚法》的，由公安机关依法处理；构成犯罪的，由司法机关依法追究刑事责任：

（一）指使、纵容、授意考试工作人员放松考试纪律，致使考场秩序混乱、作弊严重的；

（二）代替考生或者由他人代替参加国家教育考试的；

（三）组织或者参与团伙作弊的；

（四）利用职权，包庇、掩盖作弊行为或者胁迫他人作弊的；

（五）以打击、报复、诬陷、威胁等手段侵犯考试工作人员、考生人身权利的；

（六）向考试工作人员行贿的；

（七）故意损坏考试设施的；

（八）扰乱、妨害考场、评卷点及有关考试工作场所秩序后果严重的。

国家工作人员有前款行为的，教育考试机构应当建议有关纪检、监察部门，根据有关规定从重处理。

第三章　违规行为认定与处理程序

第十八条 考试工作人员在考试过程中发现考生实施本办法第五条、第六条所列考试违纪、作弊行为的，应当及时予以纠正并如实记录；对考生用于作弊的材料、工具等，应予暂扣。

考生违规记录作为认定考生违规事实的依据，应当由2名以上监考员或者考场巡视员、督考员签字确认。

考试工作人员应当向违纪考生告知违规记录的内容，对暂扣的考生物品应填写收据。

第十九条 教育考试机构发现本办法第七条、第八条所列行为的，应当由 2 名以上工作人员进行事实调查，收集、保存相应的证据材料，并在调查事实和证据的基础上，对所涉及考生的违规行为进行认定。

考试工作人员通过视频发现考生有违纪、作弊行为的，应当立即通知在现场的考试工作人员，并应当将视频录像作为证据保存。教育考试机构可以通过视频录像回放，对所涉及考生违规行为进行认定。

第二十条 考点汇总考生违规记录，汇总情况经考点主考签字认定后，报送上级教育考试机构依据本办法的规定进行处理。

第二十一条 考生在普通和成人高等学校招生考试、高等教育自学考试中，出现第五条所列考试违纪行为的，由省级教育考试机构或者市级教育考试机构做出处理决定，由市级教育考试机构做出的处理决定应报省级教育考试机构备案；出现第六条、第七条所列考试作弊行为的，由市级教育考试机构签署意见，报省级教育考试机构处理，省级教育考试机构也可以要求市级教育考试机构报送材料及证据，直接进行处理；出现本办法第八条所列扰乱考试秩序行为的，由市级教育考试机构签署意见，报省级教育考试机构按照前款规定处理，对考生及其他人员违反治安管理法律法规的行为，由当地公安部门处理；评卷过程中发现考生有本办法第七条所列考试作弊行为的，由省级教育考试机构做出处理决定，并通知市级教育考试机构。

考生在参加全国硕士研究生招生考试中的违规行为，由组织考试的机构认定，由相关省级教育考试机构或者受其委托的组织考试的机构做出处理决定。

在国家教育考试考场视频录像回放审查中认定的违规行为，由省级教育考试机构认定并做出处理决定。

参加其他国家教育考试考生违规行为的处理由承办有关国家教育考试的考试机构参照前款规定具体确定。

第二十二条 教育行政部门和其他有关部门在考点、考场出现大面积作弊情况或者需要对教育考试机构实施监督的情况下，应当直接介入调查和处理。

发生第十四、十五、十六条所列案件，情节严重的，由省级教育行政部门会同有关部门共同处理，并及时报告国务院教育行政部门；必要时，国务院教育行政部门参与或者直接进行处理。

第二十三条 考试工作人员在考场、考点及评卷过程中有违反本办法的行为的，考点主考、评卷点负责人应当暂停其工作，并报相应的教育考试机构处理。

第二十四条 在其他与考试相关的场所违反有关规定的考生，由市级教育考试机构或者省级教育考试机构做出处理决定；市级教育考试机构做出的处理决定应报省级教育考试机构备案。

在其他与考试相关的场所违反有关规定的考试工作人员，由所在单位根据市级教育考试机构或者省级教育考试机构提出的处理意见，进行处理，处理结果应当向提出处理的教育考试机构通报。

第二十五条 教育考试机构在对考试违规的个人或者单位做出处理决定前，应当复核违规事实和相关证据，告知被处理人或者单位做出处理决定的理由和依据；被处理人或者单位对所认定的违规事实认定存在异议的，应当给予其陈述和申辩的机会。

给予考生停考处理的，经考生申请，省级教育考试机构应当举行听证，对作弊的事实、情节等进行审查、核实。

第二十六条 教育考试机构做出处理决定应当制作考试违规处理决定书，载明被处理人的姓名或者单位名称、处理事实根据和法律依据、处理决定的内容、救济途径以及做出处理决定的机构名称和做出处理决定的时间。

考试违规处理决定书应当及时送达被处理人。

第二十七条 考生或者考试工作人员对教育考试机构做出的违规处理决定不服的，可以在收到处理决定之日起15日内，向其上一级教育考试机构提出复核申请；对省级教育考试机构或者承办国家教育考试的机构做出的处理决定不服的，也可以向省级教育行政部门或者授权承担国家教育考试的主管部门提出复核申请。

第二十八条 受理复核申请的教育考试机构、教育行政部门应对处理决定所认定的违规事实和适用的依据等进行审查，并在受理后30日内，按照下列规定作出复核决定：

（一）处理决定认定事实清楚、证据确凿，适用依据正确，程序合法，内容适当的，决定维持；

（二）处理决定有下列情况之一的，决定撤销或者变更：

1. 违规事实认定不清、证据不足的；
2. 适用依据错误的；
3. 违反本办法规定的处理程序的。

做出决定的教育考试机构对因错误的处理决定给考生造成的损失，应当予以补救。

第二十九条　申请人对复核决定或者处理决定不服的，可以依法申请行政复议或者提起行政诉讼。

第三十条　教育考试机构应当建立国家教育考试考生诚信档案，记录、保留在国家教育考试中作弊人员的相关信息。国家教育考试考生诚信档案中记录的信息未经法定程序，任何组织、个人不得删除、变更。

国家教育考试考生诚信档案可以依申请接受社会有关方面的查询，并应当及时向招生学校或单位提供相关信息，作为招生参考条件。

第三十一条　省级教育考试机构应当及时汇总本地区违反规定的考生及考试工作人员的处理情况，并向国家教育考试机构报告。

第四章　附　则

第三十二条　本办法所称考场是指实施考试的封闭空间；所称考点是指设置若干考场独立进行考务活动的特定场所；所称考区是指由省级教育考试机构设置，由若干考点组成，进行国家教育考试实施工作的特定地区。

第三十三条　非全日制攻读硕士学位全国考试、中国人民解放军高等教育自学考试及其他各级各类教育考试的违规处理可以参照本办法执行。

第三十四条　本办法自发布之日起施行。此前教育部颁布的各有关国家教育考试的违规处理规定同时废止。

中华人民共和国兵役法

《中华人民共和国兵役法》经 1984 年 5 月 31 日第六届全国人民代表大会第二次会议通过，1984 年 5 月 31 日中华人民共和国主席令第十四号公布；根据 2011 年 10 月 29 日第十一届全国人大常委会第二十三次会议《关于修改〈中华人民共和国兵役法〉的决定》第三次修正。

第一章　总　则

第一条　根据中华人民共和国宪法第五十五条"保卫祖国、抵抗侵略是中华人民共和国每一个公民的神圣职责。依照法律服兵役和参加民兵组织是中华人民共和国公民的光荣义务"和其他有关条款的规定，制定本法。

第二条　中华人民共和国实行义务兵与志愿兵相结合、民兵与预备役相结合的兵役制度。

第三条　中华人民共和国公民，不分民族、种族、职业、家庭出身、宗教信仰和教育程度，都有义务依照本法的规定服兵役。

有严重生理缺陷或者严重残疾不适合服兵役的人，免服兵役。

依照法律被剥夺政治权利的人，不得服兵役。

第四条　中华人民共和国的武装力量，由中国人民解放军、中国人民武装警察部队和民兵组成。

第五条　兵役分为现役和预备役。在中国人民解放军服现役的称现役军人；经过登记，预编到现役部队、编入预备役部队、编入民兵组织服预备役的或者以其他形式服预备役的，称预备役人员。

第六条　现役军人和预备役人员，必须遵守宪法和法律，履行公民的义务，同时享有公民的权利；由于服兵役而产生的权利和义务，由本法和其他相关法律法规规定。

第七条　现役军人必须遵守军队的条令和条例，忠于职守，随时为保卫祖国而战斗。

预备役人员必须按照规定参加军事训练、执行军事勤务，随时准备参军参战，保卫祖国。

第八条　现役军人和预备役人员建立功勋的，得授予勋章、奖章或者荣誉称号。

第九条　中国人民解放军实行军衔制度。

第十条　全国的兵役工作，在国务院、中央军事委员会领导下，由国防部负责。

各军区按照国防部赋予的任务，负责办理本区域的兵役工作。

省军区（卫戍区、警备区）、军分区（警备区）和县、自治县、市、市辖区的人民武装部，兼各该级人民政府的兵役机关，在上级军事机关和同级人民政府领导下，负责办理本区域的兵役工作。

机关、团体、企业事业单位和乡、民族乡、镇的人民政府，依照本法的规定完成兵役工作任务。兵役工作业务，在设有人民武装部的单位，由人民武装部办理；不设人民武装部的单位，确定一个部门办理。

第二章　平时征集

第十一条　全国每年征集服现役的人数、要求和时间，由国务院和中央军事委员会的命令规定。

县级以上地方各级人民政府组织兵役机关和有关部门组成征集工作机构，负责组织实施征集工作。

第十二条　每年十二月三十一日以前年满十八周岁的男性公民，应当被征集服现役。当年未被征集的，在二十二周岁以前仍可以被征集服现役，普通高等学校毕业生的征集年龄可以放宽至二十四周岁。

根据军队需要，可以按照前款规定征集女性公民服现役。

根据军队需要和本人自愿，可以征集当年十二月三十一日以前年满十七周岁未满十八周岁的公民服现役。

第十三条　国家实行兵役登记制度。每年十二月三十一日以前年满十八周岁的男性公民，都应当在当年六月三十日以前，按照县、自治县、市、市辖区的兵役机关的安排，进行兵役登记。经兵役登记并初步审查合格的，称应征公民。

第十四条　在征集期间，应征公民应当按照县、自治县、市、市辖区的兵役机关的通知，按时到指定的体格检查站进行体格检查。

应征公民符合服现役条件，并经县、自治县、市、市辖区的兵役机关批准的，被征集服现役。

第十五条　在征集期间，应征公民被征集服现役，同时被机关、团体、企业事业单位招收录用或者聘用的，应当优先履行服兵役义务；有关机关、团体、企业事业单位应当服从国防和军队建设的需要，支持兵员征集工作。

第十六条　应征公民是维持家庭生活唯一劳动力的，可以缓征。

第十七条 应征公民正在被依法侦查、起诉、审判的或者被判处徒刑、拘役、管制正在服刑的，不征集。

第三章 士兵的现役和预备役

第十八条 现役士兵包括义务兵役制士兵和志愿兵役制士兵，义务兵役制士兵称义务兵，志愿兵役制士兵称士官。

第十九条 义务兵服现役的期限为二年。

第二十条 义务兵服现役期满，根据军队需要和本人自愿，经团级以上单位批准，可以改为士官。根据军队需要，可以直接从非军事部门具有专业技能的公民中招收士官。

士官实行分级服现役制度。士官服现役的期限一般不超过三十年，年龄不超过五十五周岁。

士官分级服现役的办法和直接从非军事部门招收士官的办法，由国务院、中央军事委员会规定。

第二十一条 士兵服现役期满，应当退出现役。因军队编制员额缩减需要退出现役的，经军队医院诊断证明本人健康状况不适合继续服现役的，或者因其他特殊原因需要退出现役的，经师级以上机关批准，可以提前退出现役。

士兵退出现役的时间为部队宣布退出现役命令之日。

第二十二条 士兵退出现役时，符合预备役条件的，由部队确定服士兵预备役；经过考核，适合担任军官职务的，服军官预备役。

退出现役的士兵，由部队确定服预备役的，自退出现役之日起四十日内，到安置地的县、自治县、市、市辖区的兵役机关办理预备役登记。

第二十三条 依照本法第十三条规定经过兵役登记的应征公民，未被征集服现役的，办理士兵预备役登记。

第二十四条 士兵预备役的年龄，为十八周岁至三十五周岁，根据需要可以适当延长。具体办法由国务院、中央军事委员会规定。

第二十五条 士兵预备役分为第一类和第二类。

第一类士兵预备役包括下列人员：

（一）预编到现役部队的预备役士兵；

（二）编入预备役部队的预备役士兵；

（三）经过预备役登记编入基干民兵组织的人员。

第二类士兵预备役包括下列人员：

（一）经过预备役登记编入普通民兵组织的人员；

（二）其他经过预备役登记确定服士兵预备役的人员。

预备役士兵达到服预备役最高年龄的，退出预备役。

第四章 军官的现役和预备役

第二十六条 现役军官由下列人员补充：

（一）选拔优秀士兵和普通高中毕业生入军队院校学习毕业的学员；

（二）选拔普通高等学校毕业的国防生和其他应届优秀毕业生；

（三）直接提升具有普通高等学校本科以上学历表现优秀的士兵；

（四）改任现役军官的文职干部；

（五）招收军队以外的专业技术人员和其他人员。

战时根据需要，可以从士兵、征召的预备役军官和非军事部门的人员中直接任命军官。

第二十七条 预备役军官包括下列人员：

（一）退出现役转入预备役的军官；

（二）确定服军官预备役的退出现役的士兵；

（三）确定服军官预备役的普通高等学校毕业学生；

（四）确定服军官预备役的专职人民武装干部和民兵干部；

（五）确定服军官预备役的非军事部门的干部和专业技术人员。

第二十八条 军官服现役和服预备役的最高年龄由《中华人民共和国现役军官法》和《中华人民共和国预备役军官法》规定。

第二十九条 现役军官按照规定服役已满最高年龄的，退出现役；未满最高年龄因特殊情况需要退出现役的，经批准可以退出现役。

军官退出现役时，符合服预备役条件的，转入军官预备役。

第三十条 退出现役转入预备役的军官，退出现役确定服军官预备役的士兵，在到达安置地以后的三十日内，到当地县、自治县、市、市辖区的兵役机关办理预备役军官登记。

选拔担任预备役军官职务的专职人民武装干部、民兵干部、普通高等学校毕业生、非军事部门的人员，由工作单位或者户口所在地的县、自治县、市、市辖区的兵役机关报请上级军事机关批准并进行登记,服军官预备役。

预备役军官按照规定服预备役已满最高年龄的,退出预备役。

第五章 军队院校从青年学生中招收的学员

第三十一条 根据军队建设的需要,军队院校可以从青年学生中招收学员。招收学员的年龄,不受征集服现役年龄的限制。

第三十二条 学员完成学业考试合格的,由院校发给毕业证书,按照规定任命为现役军官、文职干部或者士官。

第三十三条 学员学完规定的科目,考试不合格的,由院校发给结业证书,回入学前户口所在地;就读期间其父母已办理户口迁移手续的,可以回父母现户口所在地,由县、自治县、市、市辖区的人民政府按照国家有关规定接收安置。

第三十四条 学员因患慢性病或者其他原因不宜在军队院校继续学习,经批准退学的,由院校发给肄业证书,回入学前户口所在地;就读期间其父母已办理户口迁移手续的,可以回父母现户口所在地,由县、自治县、市、市辖区的人民政府按照国家有关规定接收安置。

第三十五条 学员被开除学籍的,回入学前户口所在地;就读期间其父母已办理户口迁移手续的,可以回父母现户口所在地,由县、自治县、市、市辖区的人民政府按照国家有关规定办理。

第三十六条 军队根据国防建设的需要,可以依托普通高等学校招收、选拔培养国防生。国防生在校学习期间享受国防奖学金待遇,应当参加军事训练、政治教育,履行国防生培养协议规定的其他义务;毕业后应当履行培养协议到军队服现役,按照规定办理入伍手续,任命为现役军官或者文职干部。

国防生在校学习期间,按照有关规定不宜继续作为国防生培养,但符合所在学校普通生培养要求的,经军队有关部门批准,可以转为普通生;被开除学籍或者作退学处理的,由所在学校按照国家有关规定办理。

第三十七条 本法第三十二条、第三十三条、第三十四条、第三十五条的规定,也适用于从现役士兵中招收的学员。

第六章　民　兵

第三十八条　民兵是不脱产的群众武装组织，是中国人民解放军的助手和后备力量。

民兵的任务是：

（一）参加社会主义现代化建设；

（二）执行战备勤务，参加防卫作战，抵抗侵略，保卫祖国；

（三）为现役部队补充兵员；

（四）协助维护社会秩序，参加抢险救灾。

第三十九条　乡、民族乡、镇、街道和企业事业单位建立民兵组织。凡十八周岁至三十五周岁符合服兵役条件的男性公民，经所在地人民政府兵役机关确定编入民兵组织的，应当参加民兵组织。

根据需要，可以吸收十八周岁以上的女性公民、三十五周岁以上的男性公民参加民兵组织。

国家发布动员令后，动员范围内的民兵，不得脱离民兵组织；未经所在地的县、自治县、市、市辖区人民政府兵役机关批准，不得离开民兵组织所在地。

第四十条　民兵组织分为基干民兵组织和普通民兵组织。基干民兵组织是民兵组织的骨干力量，主要由退出现役的士兵以及经过军事训练和选定参加军事训练或者具有专业技术特长的未服过现役的人员组成。基干民兵组织可以在一定区域内从若干单位抽选人员编组。普通民兵组织，由符合服兵役条件未参加基干民兵组织的公民按照地域或者单位编组。

第七章　预备役人员的军事训练

第四十一条　预备役士兵的军事训练，在现役部队、预备役部队、民兵组织中进行，或者采取其他组织形式进行。

未服过现役预编到现役部队、编入预备役部队和编入基干民兵组织的预备役士兵，在十八周岁至二十四周岁期间，应当参加三十日至四十日的军事训练；其中专业技术兵的训练时间，按照实际需要确定。服过现役和受过军事训练的预备役士兵的复习训练，以及其他预备役士兵的军事训练，按照中央军事委员会的规定进行。

第四十二条　预备役军官在服预备役期间，应当参加三个月至六个月的军事训练；预编到现役部队和在预备役部队任职的，参加军事训练的时间可以适当延长。

第四十三条　国务院和中央军事委员会在必要的时候，可以决定预备役人员参加应急训练。

第四十四条　预备役人员参加军事训练、执行军事勤务的伙食、交通等补助费用按照国家有关规定执行。预备役人员是机关、团体、企业事业单位工作人员或者职工的，参加军事训练、执行军事勤务期间，其所在单位应当保持其原有的工资、奖金和福利待遇；其他预备役人员参加军事训练、执行军事勤务的误工补贴按照国家有关规定执行。

第八章　普通高校和普通高中学生军事训练

第四十五条　普通高等学校的学生在就学期间，必须接受基本军事训练。

根据国防建设的需要，对适合担任军官职务的学生，再进行短期集中训练，考核合格的，经军事机关批准，服军官预备役。

第四十六条　普通高等学校设军事训练机构，配备军事教员，组织实施学生的军事训练。

第四十五条　第二款规定的培养预备役军官的短期集中训练，由军事部门派出现役军官与普通高等学校军事训练机构共同组织实施。

第四十七条　普通高中和中等职业学校，配备军事教员，对学生实施军事训练。

第四十八条　普通高等学校和普通高中学生的军事训练，由教育部、国防部负责。教育部门和军事部门设学生军事训练的工作机构或者配备专人，承办学生军事训练工作。

第九章　战时兵员动员

第四十九条　为了对付敌人的突然袭击，抵抗侵略，各级人民政府、各级军事机关，在平时必须做好战时兵员动员的准备工作。

第五十条　在国家发布动员令以后，各级人民政府、各级军事机关，必须迅速实施动员：

（一）现役军人停止退出现役，休假、探亲的军人必须立即归队；

（二）预备役人员、国防生随时准备应召服现役，在接到通知后，必须准时到指定的地点报到；

（三）机关、团体、企业事业单位和乡、民族乡、镇的人民政府负责人，必须组织本单位被征召的预备役人员，按照规定的时间、地点报到；

（四）交通运输部门应当优先运送应召的预备役人员、国防生和返回部队的现役军人。

第五十一条 战时根据需要，国务院和中央军事委员会可以决定征召三十六周岁至四十五周岁的男性公民服现役，可以决定延长公民服现役的期限。

第五十二条 战争结束后，需要复员的现役军人，根据国务院和中央军事委员会的复员命令，分期分批地退出现役，由各级人民政府妥善安置。

第十章　现役军人的待遇和退出现役的安置

第五十三条 国家保障现役军人享有与其履行职责相适应的待遇。现役军人的待遇应当与国民经济发展相协调，与社会进步相适应。

军官实行职务军衔等级工资制，士官实行军衔级别工资制，义务兵享受供给制生活待遇。现役军人享受规定的津贴、补贴和奖励工资。国家建立军人工资的正常增长机制。

现役军人享受规定的休假、疗养、医疗、住房等福利待遇。国家根据经济社会发展水平提高现役军人的福利待遇。

国家实行军人保险制度，与社会保险制度相衔接。军人服现役期间，享受规定的军人保险待遇。军人退出现役后，按照国家有关规定接续养老、医疗、失业等社会保险关系，享受相应的社会保险待遇。现役军人配偶随军未就业期间，按照国家有关规定享受相应的保障待遇。

第五十四条 国家建立健全以扶持就业为主，自主就业、安排工作、退休、供养以及继续完成学业等多种方式相结合的士兵退出现役安置制度。

第五十五条 现役军人入伍前已被普通高等学校录取或者是正在普通高等学校就学的学生，服役期间保留入学资格或者学籍，退出现役后两年内允许入学或者复学,并按照国家有关规定享受奖学金、助学金和减免学费等优待;入学或者复学后参加国防生选拔、参加国家组织的农村基层服务项目人选选拔,以及毕业后参加军官人选选拔的,优先录取。

义务兵和服现役不满十二年的士官入伍前是机关、团体、企业事业单位工作人员或者职工的,服役期间保留人事关系或者劳动关系;退出现役后可以选择复职复工。

义务兵和士官服现役期间,入伍前依法取得的农村土地承包经营权,应当保留。

第五十六条 现役军人,残疾军人,退出现役军人,烈士、因公牺牲、病故军人遗属,现役军人家属,应当受到社会的尊重,受到国家和社会的优待。军官、士官的家属随军、就业、工作调动以及子女教育,享受国家和社会的优待。

第五十七条 现役军人因战、因公、因病致残的,按照国家规定评定残疾等级,发给残疾军人证,享受国家规定的待遇和残疾抚恤金。因工作需要继续服现役的残疾军人,由所在部队按照规定发给残疾抚恤金。

现役军人因战、因公、因病致残的,按照国家规定的评定残疾等级采取安排工作、供养、退休等方式妥善安置。有劳动能力的退出现役的残疾军人,优先享受国家规定的残疾人就业优惠政策。

残疾军人、患慢性病的军人退出现役后,由安置地的县级以上地方人民政府按照国务院、中央军事委员会的有关规定负责接收安置;其中,患过慢性病旧病复发需要治疗的,由当地医疗机构负责给予治疗,所需医疗和生活费用,本人经济困难的,按照国家规定给予补助。

现役军人、残疾军人参观游览公园、博物馆、展览馆、名胜古迹享受优待;优先购票乘坐境内运行的火车、轮船、长途汽车以及民航班机;其中,残疾军人按照规定享受减收正常票价的优待,免费乘坐市内公共汽车、电车和轨道交通工具。义务兵从部队发出的平信,免费邮递。

第五十八条 义务兵服现役期间,其家庭由当地人民政府给予优待,优待标准不低于当地平均生活水平,具体办法由省、自治区、直辖市人民政府规定。

第五十九条 现役军人牺牲、病故,由国家发给其遗属一次性抚恤金;其遗属无固定收入,不能维持生活,或者符合国家规定的其他条件的，由国家另行发给定期抚恤金。

第六十条 义务兵退出现役，按照国家规定发给退役金，由安置地的县级以上地方人民政府接收，根据当地的实际情况，可以发给经济补助。

义务兵退出现役，安置地的县级以上地方人民政府应当组织其免费参加职业教育、技能培训，经考试考核合格的，发给相应的学历证书、职业资格证书并推荐就业。退出现役义务兵就业享受国家扶持优惠政策。

义务兵退出现役，可以免试进入中等职业学校学习；报考普通高等学校以及接受成人教育的，享受加分以及其他优惠政策；在国家规定的年限内考入普通高等学校或者进入中等职业学校学习的，享受国家发给的助学金。

义务兵退出现役，报考公务员、应聘事业单位职位的，在军队服现役经历视为基层工作经历，同等条件下应当优先录用或者聘用。

服现役期间平时荣获二等功以上奖励或者战时荣获三等功以上奖励以及属于烈士子女和因战致残被评定为五级至八级残疾等级的义务兵退出现役，由安置地的县级以上地方人民政府安排工作；待安排工作期间由当地人民政府按照国家有关规定发给生活补助费；本人自愿选择自主就业的，依照本条第一款至第四款规定办理。

国家根据经济社会发展水平，适时调整退役金的标准。退出现役士兵安置所需经费，由中央和地方各级人民政府共同负担。

第六十一条 士官退出现役，服现役不满十二年的，依照本法第六十条规定的办法安置。

士官退出现役，服现役满十二年的，由安置地的县级以上地方人民政府安排工作；待安排工作期间由当地人民政府按照国家有关规定发给生活补助费；本人自愿选择自主就业的，依照本法第六十条第一款至第四款的规定办理。

士官服现役满三十年或者年满五十五周岁的，作退休安置。

士官在服现役期间因战、因公、因病致残丧失工作能力的，按照国家有关规定安置。

第六十二条 士兵退出现役安置的具体办法由国务院、中央军事委员会规定。

第六十三条 军官退出现役，国家采取转业、复员、退休等办法予以妥善安置。作转业安置的，按照有关规定实行计划分配和自主择业相结合的方式安置；作复员安置的，按照有关规定由安置地人民政府接收安置，享受有关就业优惠政策；符合退休条件的，退出现役后按照有关规定作退休安置。

军官在服现役期间因战、因公、因病致残丧失工作能力的，按照国家有关规定安置。

第六十四条 机关、团体、企业事业单位有接收安置退出现役军人的义务，在招收录用工作人员或者聘用职工时，同等条件下应当优先招收录用退出现役军人；对依照本法第六十条、第六十一条、第六十三条规定安排工作的退出现役军人，应当按照国家安置任务和要求做好落实工作。

军人服现役年限计算为工龄，退出现役后与所在单位工作年限累计计算。

国家鼓励和支持机关、团体、企业事业单位接收安置退出现役军人。接收安置单位按照国家规定享受税收优惠等政策。

第六十五条 民兵、预备役人员因参战、参加军事训练、执行军事勤务牺牲、致残的，学生因参加军事训练牺牲、致残的，由当地人民政府依照军人抚恤优待条例的有关规定给予抚恤优待。

第十一章　法律责任

第六十六条 有服兵役义务的公民有下列行为之一的，由县级人民政府责令限期改正；逾期不改的，由县级人民政府强制其履行兵役义务，并可以处以罚款：

（一）拒绝、逃避兵役登记和体格检查的；

（二）应征公民拒绝、逃避征集的；

（三）预备役人员拒绝、逃避参加军事训练、执行军事勤务和征召的。

有前款第二项行为，拒不改正的，不得录用为公务员或者参照公务员法管理的工作人员，两年内不得出国（境）或者升学。

国防生违反培养协议规定，不履行相应义务的，依法承担违约责任，根据情节，由所在学校作退学等处理；毕业后拒绝服现役的，依法承担违约责任，并依照本条第二款的规定处理。

战时有本条第一款第二项、第三项或者第三款行为，构成犯罪的，依法追究刑事责任。

第六十七条 现役军人以逃避服兵役为目的，拒绝履行职责或者逃离部队的，按照中央军事委员会的规定给予处分；构成犯罪的，依法追究刑事责任。

现役军人有前款行为被军队除名、开除军籍或者被依法追究刑事责任的，不得录用为公务员或者参照公务员法管理的工作人员，两年内不得出国（境）或者升学。

明知是逃离部队的军人而雇用的，由县级人民政府责令改正，并处以罚款；构成犯罪的，依法追究刑事责任。

第六十八条 机关、团体、企业事业单位拒绝完成本法规定的兵役工作任务的，阻挠公民履行兵役义务的，拒绝接收、安置退出现役军人的，或者有其他妨害兵役工作行为的，由县级以上地方人民政府责令改正，并可以处以罚款；对单位负有责任的领导人员、直接负责的主管人员和其他直接责任人员，依法予以处罚。

第六十九条 扰乱兵役工作秩序，或者阻碍兵役工作人员依法执行职务的，依照治安管理处罚法的规定给予处罚；使用暴力、威胁方法，构成犯罪的，依法追究刑事责任。

第七十条 国家工作人员和军人在兵役工作中，有下列行为之一，构成犯罪的，依法追究刑事责任；尚不构成犯罪的，给予处分：

（一）收受贿赂的；

（二）滥用职权或者玩忽职守的；

（三）徇私舞弊，接送不合格兵员的。

第七十一条 县级以上地方人民政府对违反本法的单位和个人的处罚，由县级以上地方人民政府兵役机关会同行政监察、公安、民政、卫生、教育、人力资源和社会保障等部门具体办理。

第十二章 附 则

第七十二条 本法适用于中国人民武装警察部队。

第七十三条 中国人民解放军根据需要配备文职干部。本法有关军官的规定适用于文职干部。

第七十四条 本法自1984年10月1日起施行。

中华人民共和国精神卫生法

中华人民共和国主席令第 62 号

(2012 年 10 月 26 日第十一届全国人民代表大会常务委员会第二十九次会议通过,自 2013 年 5 月 1 日起施行。)

(摘 录)

第一章 总 则

第一条 为了发展精神卫生事业,规范精神卫生服务,维护精神障碍患者的合法权益,制定本法。

第二条 在中华人民共和国境内开展维护和增进公民心理健康、预防和治疗精神障碍、促进精神障碍患者康复的活动,适用本法。

第三条 精神卫生工作实行预防为主的方针,坚持预防、治疗和康复相结合的原则。

第四条 精神障碍患者的人格尊严、人身和财产安全不受侵犯。

精神障碍患者的教育、劳动、医疗以及从国家和社会获得物质帮助等方面的合法权益受法律保护。

有关单位和个人应当对精神障碍患者的姓名、肖像、住址、工作单位、病历资料以及其他可能推断出其身份的信息予以保密;但是,依法履行职责需要公开的除外。

第五条 全社会应当尊重、理解、关爱精神障碍患者。

任何组织或者个人不得歧视、侮辱、虐待精神障碍患者,不得非法限制精神障碍患者的人身自由。

新闻报道和文学艺术作品等不得含有歧视、侮辱精神障碍患者的内容。

第六条 精神卫生工作实行政府组织领导、部门各负其责、家庭和单位尽力尽责、全社会共同参与的综合管理机制。

第九条 精神障碍患者的监护人应当履行监护职责,维护精神障碍患者的合法权益。

禁止对精神障碍患者实施家庭暴力，禁止遗弃精神障碍患者。

第十一条 国家鼓励和支持开展精神卫生专门人才的培养，维护精神卫生工作人员的合法权益，加强精神卫生专业队伍建设。

国家鼓励和支持开展精神卫生科学技术研究，发展现代医学、我国传统医学、心理学，提高精神障碍预防、诊断、治疗、康复的科学技术水平。

国家鼓励和支持开展精神卫生领域的国际交流与合作。

第十二条 各级人民政府和县级以上人民政府有关部门应当采取措施，鼓励和支持组织、个人提供精神卫生志愿服务，捐助精神卫生事业，兴建精神卫生公益设施。

对在精神卫生工作中做出突出贡献的组织、个人，按照国家有关规定给予表彰、奖励。

第二章　心理健康促进和精神障碍预防

第十五条 用人单位应当创造有益于职工身心健康的工作环境，关注职工的心理健康；对处于职业发展特定时期或者在特殊岗位工作的职工，应当有针对性地开展心理健康教育。

第十六条 各级各类学校应当对学生进行精神卫生知识教育；配备或者聘请心理健康教育教师、辅导人员，并可以设立心理健康辅导室，对学生进行心理健康教育。学前教育机构应当对幼儿开展符合其特点的心理健康教育。

发生自然灾害、意外伤害、公共安全事件等可能影响学生心理健康的事件，学校应当及时组织专业人员对学生进行心理援助。

教师应当学习和了解相关的精神卫生知识，关注学生心理健康状况，正确引导、激励学生。地方各级人民政府教育行政部门和学校应当重视教师心理健康。

学校和教师应当与学生父母或者其他监护人、近亲属沟通学生心理健康情况。

第十七条 医务人员开展疾病诊疗服务，应当按照诊断标准和治疗规范的要求，对就诊者进行心理健康指导；发现就诊者可能患有精神障碍的，应当建议其到符合本法规定的医疗机构就诊。

第二十一条 家庭成员之间应当相互关爱，创造良好、和睦的家庭环境，提高精神障碍预防意识；发现家庭成员可能患有精神障碍的，应当帮助其及时就诊，照顾其生活，做好看护管理。

第二十二条 国家鼓励和支持新闻媒体、社会组织开展精神卫生的公益性宣传，普及精神卫生知识，引导公众关注心理健康，预防精神障碍的发生。

第二十三条 心理咨询人员应当提高业务素质，遵守执业规范，为社会公众提供专业化的心理咨询服务。

心理咨询人员不得从事心理治疗或者精神障碍的诊断、治疗。

心理咨询人员发现接受咨询的人员可能患有精神障碍的，应当建议其到符合本法规定的医疗机构就诊。

心理咨询人员应当尊重接受咨询人员的隐私，并为其保守秘密。

第三章 精神障碍的诊断和治疗

第二十五条 开展精神障碍诊断、治疗活动，应当具备下列条件，并依照医疗机构的管理规定办理有关手续：

（一）有与从事的精神障碍诊断、治疗相适应的精神科执业医师、护士；

（二）有满足开展精神障碍诊断、治疗需要的设施和设备；

（三）有完善的精神障碍诊断、治疗管理制度和质量监控制度。

从事精神障碍诊断、治疗的专科医疗机构还应当配备从事心理治疗的人员。

第二十六条 精神障碍的诊断、治疗，应当遵循维护患者合法权益、尊重患者人格尊严的原则，保障患者在现有条件下获得良好的精神卫生服务。

精神障碍分类、诊断标准和治疗规范，由国务院卫生行政部门组织制定。

第二十七条 精神障碍的诊断应当以精神健康状况为依据。

除法律另有规定外，不得违背本人意志进行确定其是否患有精神障碍的医学检查。

第二十八条 除个人自行到医疗机构进行精神障碍诊断外，疑似精神障碍患者的近亲属可以将其送往医疗机构进行精神障碍诊断。对查找不到近亲属的流浪乞讨疑似精神障碍患者，由当地民政等有关部门按照职责分工，帮助送往医疗机构进行精神障碍诊断。

疑似精神障碍患者发生伤害自身、危害他人安全的行为，或者有伤害自身、危害他人安全的危险的，其近亲属、所在单位、当地公安机关应当立即采取措施予以制止，并将其送往医疗机构进行精神障碍诊断。

医疗机构接到送诊的疑似精神障碍患者，不得拒绝为其作出诊断。

第二十九条 精神障碍的诊断应当由精神科执业医师作出。

医疗机构接到依照本法第二十八条第二款规定送诊的疑似精神障碍患者，应当将其留院，立即指派精神科执业医师进行诊断，并及时出具诊断结论。

第三十条 精神障碍的住院治疗实行自愿原则。

诊断结论、病情评估表明，就诊者为严重精神障碍患者并有下列情形之一的，应当对其实施住院治疗：

（一）已经发生伤害自身的行为，或者有伤害自身的危险的；

（二）已经发生危害他人安全的行为，或者有危害他人安全的危险的。

第三十一条 精神障碍患者有本法第三十条第二款第一项情形的，经其监护人同意，医疗机构应当对患者实施住院治疗；监护人不同意的，医疗机构不得对患者实施住院治疗。监护人应当对在家居住的患者做好看护管理。

第三十六条 诊断结论表明需要住院治疗的精神障碍患者，本人没有能力办理住院手续的，由其监护人办理住院手续；患者属于查找不到监护人的流浪乞讨人员的，由送诊的有关部门办理住院手续。

精神障碍患者有本法第三十条第二款第二项情形，其监护人不办理住院手续的，由患者所在单位、村民委员会或者居民委员会办理住院手续，并由医疗机构在患者病历中予以记录。

第三十七条 医疗机构及其医务人员应当将精神障碍患者在诊断、治疗过程中享有的权利，告知患者或者其监护人。

第四十四条 自愿住院治疗的精神障碍患者可以随时要求出院，医疗机构应当同意。

对有本法第三十条第二款第一项情形的精神障碍患者实施住院治疗的，监护人可以随时要求患者出院，医疗机构应当同意。

第四十五条 精神障碍患者出院，本人没有能力办理出院手续的，监护人应当为其办理出院手续。

第四十六条 医疗机构及其医务人员应当尊重住院精神障碍患者的通信和会见探访者等权利。除在急性发病期或者为了避免妨碍治疗可以暂时性限制外，不得限制患者的通信和会见探访者等权利。

第四十七条 医疗机构及其医务人员应当在病历资料中如实记录精神障碍患者的病情、治疗措施、用药情况、实施约束、隔离措施等内容，并如实告知患者或者其监护人。患者及其监护人可以查阅、复制病历资料；但是，患者查阅、复制病历资料可能对其治疗产生不利影响的除外。病历资料保存期限不得少于三十年。

第四十九条 精神障碍患者的监护人应当妥善看护未住院治疗的患者，按照医嘱督促其按时服药、接受随访或者治疗。村民委员会、居民委员会、患者所在单位等应当依患者或者其监护人的请求，对监护人看护患者提供必要的帮助。

第五十一条 心理治疗活动应当在医疗机构内开展。专门从事心理治疗的人员不得从事精神障碍的诊断，不得为精神障碍患者开具处方或者提供外科治疗。心理治疗的技术规范由国务院卫生行政部门制定。

第五十三条 精神障碍患者违反治安管理处罚法或者触犯刑法的，依照有关法律的规定处理。

第四章 精神障碍的康复

第五十九条 精神障碍患者的监护人应当协助患者进行生活自理能力和社会适应能力等方面的康复训练。

精神障碍患者的监护人在看护患者过程中需要技术指导的，社区卫生服务机构或者乡镇卫生院、村卫生室、社区康复机构应当提供。

第五章 保障措施

第六十五条 综合性医疗机构应当按照国务院卫生行政部门的规定开设精神科门诊或者心理治疗门诊，提高精神障碍预防、诊断、治疗能力。

第六十七条 师范院校应当为学生开设精神卫生课程；医学院校应当为非精神医学专业的学生开设精神卫生课程。

县级以上人民政府教育行政部门对教师进行上岗前和在岗培训，应当有精神卫生的内容，并定期组织心理健康教育教师、辅导人员进行专业培训。

第六十八条 县级以上人民政府卫生行政部门应当组织医疗机构为严重精神障碍患者免费提供基本公共卫生服务。

精神障碍患者的医疗费用按照国家有关社会保险的规定由基本医疗保险基金支付。医疗保险经办机构应当按照国家有关规定将精神障碍患者纳入城镇职工基本医疗保险、城镇居民基本医疗保险或者新型农村合作医疗的保障范围。县级人民政府应当按照国家有关规定对家庭经济困难的严重精神障碍患者参加基本医疗保险给予资助。人力资源社会保障、卫生、民政、财政等部门应当加强协调，简化程序，实现属于基本医疗保险基金支付的医疗费用由医疗机构与医疗保险经办机构直接结算。

精神障碍患者通过基本医疗保险支付医疗费用后仍有困难，或者不能通过基本医疗保险支付医疗费用的，民政部门应当优先给予医疗救助。

第六十九条 对符合城乡最低生活保障条件的严重精神障碍患者，民政部门应当会同有关部门及时将其纳入最低生活保障。

第六章　法律责任

第七十四条 医疗机构及其工作人员有下列行为之一的，由县级以上人民政府卫生行政部门责令改正，给予警告；情节严重的，对直接负责的主管人员和其他直接责任人员依法给予或者责令给予降低岗位等级或者撤职、开除的处分，并可以责令有关医务人员暂停一个月以上六个月以下执业活动：

（一）拒绝对送诊的疑似精神障碍患者作出诊断的；

（二）对依照本法第三十条第二款规定实施住院治疗的患者未及时进行检查评估或者未根据评估结果作出处理的。

第七十六条 有下列情形之一的，由县级以上人民政府卫生行政部门、工商行政管理部门依据各自职责责令改正，给予警告，并处五千元以上一万元以下罚款，有违法所得的，没收违法所得；造成严重后果的，责令暂停六个月以上一年以下执业活动，直至吊销执业证书或者营业执照：

（一）心理咨询人员从事心理治疗或者精神障碍的诊断、治疗的；

（二）从事心理治疗的人员在医疗机构以外开展心理治疗活动的；

（三）专门从事心理治疗的人员从事精神障碍的诊断的；

（四）专门从事心理治疗的人员为精神障碍患者开具处方或者提供外科治疗的。

心理咨询人员、专门从事心理治疗的人员在心理咨询、心理治疗活动中造成他人人身、财产或者其他损害的，依法承担民事责任。

第七十九条 医疗机构出具的诊断结论表明精神障碍患者应当住院治疗而其监护人拒绝，致使患者造成他人人身、财产损害的，或者患者有其他造成他人人身、财产损害情形的，其监护人依法承担民事责任。

第八十条 在精神障碍的诊断、治疗、鉴定过程中，寻衅滋事，阻挠有关工作人员依照本法的规定履行职责，扰乱医疗机构、鉴定机构工作秩序的，依法给予治安管理处罚。

违反本法规定，有其他构成违反治安管理行为的，依法给予治安管理处罚。

第八十一条 违反本法规定，构成犯罪的，依法追究刑事责任。

第八十二条 精神障碍患者或者其监护人、近亲属认为行政机关、医疗机构或者其他有关单位和个人违反本法规定侵害患者合法权益的，可以依法提起诉讼。

第七章 附 则

第八十三条 本法所称精神障碍，是指由各种原因引起的感知、情感和思维等精神活动的紊乱或者异常，导致患者明显的心理痛苦或者社会适应等功能损害。

本法所称严重精神障碍，是指疾病症状严重，导致患者社会适应等功能严重损害、对自身健康状况或者客观现实不能完整认识，或者不能处理自身事务的精神障碍。

本法所称精神障碍患者的监护人，是指依照民法通则的有关规定可以担任监护人的人。

第八十四条 军队的精神卫生工作，由国务院和中央军事委员会依据本法制定管理办法。

第八十五条 本法自2013年5月1日起施行。

学校制度篇

第四章 学生管理规定

武昌职业学院——学生管理规定

武昌职院学〔2017〕11 号

第一章 总 则

第一条 为规范武昌职业学院（以下简称学校）学生管理行为，维护学校正常的教育教学秩序和生活秩序，保障学生合法权益，培养德、智、体、美等方面全面发展的社会主义建设者和接班人，依据《普通高等学校学生管理规定》（教育部令第41号）、有关法律、法规以及学校章程，制定本规定。

第二条 本规定适用于在校接受普通高等学历教育的学生（以下简称学生）的管理。

第三条 学校坚持社会主义办学方向，坚持马克思主义的指导地位，全面贯彻国家教育方针；坚持以立德树人为根本，以理想信念教育为核心，培育和践行社会主义核心价值观，弘扬中华优秀传统文化和革命文化、社会主义先进文化，培养学生的社会责任感、创新精神和实践能力；坚持依法治校，科学管理，健全和完善管理制度，规范管理行为，将管理与育人相结合，不断提高管理和服务水平。

第四条 学生应当拥护中国共产党领导，努力学习马克思列宁主义、毛泽东思想、中国特色社会主义理论体系，深入学习习近平总书记系列重要讲话精神和治国理政新理念新思想新战略，坚定中国特色社会主义道路自信、理论自信、制度自信、文化自信，树立中国特色社会主义共同理想；应当树立爱国主义思想，具有团结统一、爱好和平、勤劳勇敢、自强不息的精神；应当增强法制观念，遵守宪法、法律、法规，遵守公民道德规范，遵守学校管理制度，具有良好的道德品质和行为习惯；应当刻苦学习，勇于探索，积极实践，努力掌握现代科学文化知识和专业技能；应当积极锻炼身体，增进身心健康，提高个人修养，培养审美情趣。

第五条 学校实施学生管理，尊重和保护学生的合法权利，教育和引导学生承担应尽的义务与责任，鼓励和支持学生实行自我管理、自我服务、自我教育、自我监督。

第二章 学生的权利与义务

第六条 学生在校期间依法享有下列权利：

（一）参加学校教育教学计划安排的各项活动，使用学校提供的教育教学资源；

（二）参加社会实践、志愿服务、勤工助学、文娱体育及科技文化创新等活动，获得就业创业指导和服务；

（三）申请奖学金、助学金及助学贷款；

（四）在思想品德、学业成绩等方面获得科学、公正评价，完成学校规定学业后获得相应的学历证书、学位证书；

（五）在校内组织、参加学生团体，以适当方式参与学校管理，对学校与学生权益相关事务享有知情权、参与权、表达权和监督权；

（六）对学校给予的处理或者处分有异议，向学校、教育行政部门提出申诉，对学校、教职员工侵犯其人身权、财产权等合法权益的行为，提出申诉或者依法提起诉讼；

（七）法律、法规及学校章程规定的其他权利。

第七条 学生在校期间依法履行下列义务：

（一）遵守宪法和法律、法规；

（二）遵守学校章程和规章制度；

（三）恪守学术道德，完成规定学业；

（四）按规定缴纳学费及有关费用，履行获得贷学金及助学金的相应义务；

（五）遵守学生行为规范，尊敬师长，养成良好的思想品德和行为习惯；

（六）法律、法规及学校章程规定的其他义务。

第三章　学籍管理

第一节　入学与注册

第八条　按国家招生规定录取的新生，持录取通知书，按规定期限到校报到，办理入学手续。因故不能按期入学者，应当由学生本人或学生授权委托的其他人在报到期限内到校，以书面申请向学校招生工作部门办理请假手续，并提交相关证明材料。病假不得超过 30 日，事假不得超过 15 日。学生请假期满仍不能入学，可以申请保留入学资格。未经请假或请假逾期者，除因不可抗力等正当事由以外，视为放弃入学资格。

第九条　学校在报到时对新生入学资格进行初步审查，审查合格的办理入学手续，予以注册学籍；审查发现新生的录取通知书、考生信息等证明材料，与本人实际情况不符，或者有其他违反国家招生考试规定等情形的，取消入学资格。

具有如下情形之一的新生可以申请保留入学资格：

（1）确因身心患病需要治疗或休养的；

（2）自主创业需要的；

（3）学校认为应当保留入学资格的。

新生保留入学资格期间不具有学籍。期限最长不得超过 2 年，保留入学资格时间计入最长学习年限。

第十条　新生应征参加中国人民解放军（含中国人民武装警察部队）的，可以向学校申请保留入学资格至退役后 2 年。新生在入学前有其他特殊情况需要延期入学的，可以向学校申请，经审批同意后保留入学资格 1 年；不申请保留入学资格的，视为放弃入学资格。

第十一条　学校同意保留入学资格的，新生应当在保留入学资格届满 10 日前向学校提交复学申请书，经学校批准后按当年新生进行新生入学资格复查，新生入学资格复查通过后办理入学与学籍注册手续；复查不合格或逾期不办理入学手续且未有因不可抗力延迟等正当理由的，视为放弃入学资格。

第十二条　学生入学后，学校在 3 个月内按照国家招生规定对其进行新生入学资格复查。复查内容主要包括以下方面：

（一）录取手续及程序等是否合乎国家招生规定；

（二）所获得的录取资格是否真实、合乎相关规定；

（三）本人及身份证明与录取通知书、考生档案等是否一致；

（四）身心健康状况是否符合报考专业或者专业类别体检要求，能否保证在校正常学习、生活；

（五）艺术、体育等特殊类型录取学生的专业水平是否符合录取要求。

复查中发现学生存在弄虚作假、徇私舞弊等情形的，确定为复查不合格，予以取消学籍；情节严重的，学校将移交有关部门调查处理。

复查中发现学生身心状况不适宜在校学习，经学校指定的二级甲等以上医院或专科医院诊断，需要在家休养的，学生可以申请保留入学资格。

第十三条 每学期开学时，学生应在学校规定时间内缴纳本学年学费及其他相关费用，并办理注册手续。因故不能按期注册者，应履行请假或暂缓注册手续，否则按旷课处理。未按学校规定缴纳学费或其他不符合注册条件的，不予注册。

家庭经济困难的学生可以申请助学贷款或者其他形式资助，经学校学生管理部门确认并办理有关手续后，予以注册。

休学、保留学籍、保留入学资格的学生，未经本人申请、学籍管理部门同意、学校教学管理部门批准复学，不得注册。

第二节　学制学年

第十四条 学校专科教育的基本学制为3年，最长学习年限不超过6年。学生因休学创业、参军入伍等情况可以分阶段完成学业。

第三节　课程考核与成绩记载

第十五条 学校实行学分制，学分分为两类：课程学分和活动课程学分。

课程学分是专业人才培养方案中规定的课程修完后获得的相应学分（以各专业人才培养方案为标准）。

活动课程学分是学生参与科学研究、技术开发、技能竞赛、发明创造、文学艺术创作及各类社会活动，以培养学生创新创业精神和社会服务能力，促进学生素质的全面提升而组织的各项活动而获得的学分。活动课程学分分为素质拓展学分、技能学分和特长与创新创业学分，参照学校学生学分手册执行。

第十六条　学生依照学校制定的专业人才培养方案，参加课程考核，考核合格者获取相应学分，考核不合格者按学校规定参加补考或重修。考核成绩和学分载入学生学业档案。

第十七条　课程（含实践性教学环节）考核分为考试和考查两种方式，应依据课程教学标准和课程性质、特点，采取卷考、机考、过程性考核、论文、作品等形式进行考核。课程考核成绩及格才能取得相应课程学分。课程考核成绩以百分制或五级制（优秀、良好、中等、及格、不及格）计分，百分制以 60 分为及格。无法按上述两种计分制评定的课程，采用"合格"、"不合格"两级计分制评定。

第十八条　学生思想品德的考核、鉴定，以本规定第四条为主要依据，采取个人小结、师生民主评议等形式每学年进行一次。

公共体育课为必修课。该课程成绩根据考勤、课内教学、课外锻炼活动和体质健康等情况综合评定。

第十九条　学生根据学校有关规定，可以申请辅修校内其他专业或者选修其他专业课程；可以申请跨校辅修专业或者修读课程，参加学校认可的开放式网络课程学习。学生修读的课程成绩（学分），经学校审核同意后，予以承认。

学生参加创新创业、社会实践等活动以及发表论文、获得专利授权等与专业学习、学业要求相关的经历、成果，可以折算成学分，计入学业成绩。

第二十条　学生因退学等情况中止学业，其在校学习期间所修课程及已获得学分，学校予以记录。学生重新参加入学考试，符合录取条件，再次入学的，其已获得学分，经学校认定，可以予以承认。

第二十一条　学校定期开展诚信教育，并将学生学业、学术、品行等方面的诚信信息纳入诚信学分，同时建立对失信行为的约束和惩戒机制；对有严重失信行为的，给予相应的纪律处分，对违背学术诚信的，取消获得荣誉的资格。

第四节　转专业与转学

第二十二条　学生在学习期间对其他专业有兴趣和专长的，可以申请转专业。学生申请转专业按学校转专业实施细则执行。

第二十三条 有下列情形之一的学生，不得转学：

（一）入学未满一学期的或者毕业前一年；

（二）高考成绩低于拟转入学校相关专业同一生源地相应年份录取成绩的；

（三）由低学历层次转为高学历层次的；

（四）以定向就业、艺术类、体育类、高水平艺术团、高水平运动队等特殊招生形式录取的；

（五）应予退学的；

（六）其他无正当理由的。

第二十四条 学生转学，由学生本人提出申请，说明理由，由学校审核转学条件及相关证明，经学校校长办公会或校长委托的专题会议研究决定同意，可以办理转学手续；跨省转学者由转出地教育厅商转入地省教育厅，按转学条件确认后办理转学手续。转学手续在学期末办理。转入我校的学生，其学分按学校学生学籍管理规定办理。

第五节 休学与复学

第二十五条 有下列情形之一的学生，应予休学：

（一）在一学期内请假时间达到该学期上课时间的三分之一以上者；

（二）参加公派的支教、志愿者项目、应征参加中国人民解放军（含中国人民武装警察部队）等；

（三）女性学生达到法定结婚年龄且符合国家计划生育政策生育的，须提供医院开具的诊断证明书；

（四）自费出国（境）留学（时间不超过2年）；

（五）因创业、参加国家政策支持的项目或学校组织开展的项目或其他特殊原因，本人申请或学校认为必须休学的。学生休学由学校批准。

第二十五条 学生申请休学或者学校认为应当休学者，经学校批准，可以休学。

学生休学一般以1年为期，可连续休学2年，累计不得超过2年。

休学创业的学生，最长学习年限可延长至6年。

休学学生应当办理休学手续离校，学校保留其学籍。学生休学期间，不享受在校学习学生待遇。因病休学学生的医疗费执行国家及当地的有关规定。

学生休学期满，应当于学期开学前向学校提出复学申请，经学校复查合格，方可复学。

第二十六条 学生应征参加中国人民解放军（含中国人民武装警察部队），学校保留其学籍至退役后 2 年。

学生保留学籍期间，与其所在的部队、学校等组织建立管理关系。

第六节　退学

第二十八条 有下列情况之一的学生，可予退学：

（一）超过学校规定期限未注册而又未履行暂缓注册手续的；

（二）在学校规定年限内（含休学）未完成学业或累计未取得应修学分达 60 学分以上者；或未修满人才培养方案规定实践教学环节学分者；

（三）休学、保留学籍期满，在学校规定期限内未提出复学申请或者申请复学经复查不合格的；

（四）经学校指定的二级甲等以上医院或专科医院诊断，患有疾病或者意外伤残无法继续在校学习的；

（五）未请假离校且连续 2 周未参加学校规定的教学活动的；

（六）本人申请退学的，或者学校规定的不能完成学业、应予退学的情形。

第二十九条 对学生的退学处理，由校长办公会研究决定。

处理、处分决定以及处分告知书等，直接送达学生本人或者监护人，学生或者监护人拒绝签收的，以留置方式送达；已离校的，采取邮寄方式送达；无法联系学生本人的，利用学校网站、新闻媒体等公告方式送达。

退学学生按学校规定期限办理退学手续离校，档案、户口退回其家庭户籍所在地。

学生对退学处理有异议的，可以向学校学生申诉处理委员会提出申诉。

第七节　毕业与结业

第三十条 学生在学校规定学习年限内，修完本专业人才培养方案规定内容，经学校认定，成绩合格，德、智、体、美达到毕业要求的，准予毕业，学校在学生离校前发给毕业证书。

学生提前完成教育教学计划规定内容，获得毕业所要求的学分，可申请提前毕业。

第三十一条　学生在学校规定的学习年限内，修完教育教学计划规定内容，但素质教育或其他课程考核未达到学校毕业要求的，准予结业，发给结业证书。

结业生离校后，在学校规定的时间内可申请重新考核，考核合格达到毕业要求者可换发毕业证书。

对退学学生，学校发给写实性学习证明。换发毕业证的毕业时间按发证日期填写。

第三十二条　学校严格按照招生时确定的办学类型和学习形式，以及学生招生录取时填报的个人信息，填写、颁发学历证书及其他学业证书。

学生在校期间变更姓名、出生日期等证书需填写的个人信息的，应当有合理、充分的理由，并提供有法定效力的相应证明文件。学校进行初步审查后，报省级教育行政部门审核。

第三十三条　学校执行高等教育学籍学历电子注册管理制度，采取学籍学历、教学成绩、学费管理等部门联合会审的方式，认定毕业学生资格，及时完成学生学籍学历电子注册。

第三十四条　对违反国家招生规定入学者，学校取消其学籍，不予颁发学历证书；已发的学历证书，由学校依法予以撤销。对以作弊、剽窃、抄袭等学术不端行为或者其他不正当手段获得学历证书的，学校依法予以撤销。

被撤销的学历证书已注册的，学校予以注销并报教育行政部门。

第三十五条　毕业、结业证书遗失或者损坏，经本人申请，由学校核实后出具相应的证明书。证明书与原证书具有同等效力。

第四章　校园秩序与课外活动

第三十六条　学校、学生应当共同维护校园正常秩序，保障学校环境安全、稳定，保障学生的正常学习和生活。

第三十七条　学校支持和保障学生依法、依章程参与学校管理。学生享有参与学校民主管理，对学校发展和教育教学改革提出意见和建议的权利。

第三十八条 学生应当自觉遵守公民道德规范，遵守学校管理制度，创造和维护学校文明、整洁、优美、安全的和谐学习、生活环境。树立安全风险防范和自我保护意识，保障自身合法权益。

第三十九条 学生不得有酗酒、打架斗殴、偷盗、赌博、非法借贷、吸毒及传播、复制、贩卖非法书刊和音像制品等违反治安管理规定的行为；不得参与非法传销和进行邪教、封建迷信活动；不得从事或者参与有损大学生形象、有悖社会公序良俗的活动。

学校发现学生在校内有违法行为或者严重精神疾病可能对他人造成伤害的，依法采取或者协助有关部门采取必要措施。

第四十条 学校坚持教育与宗教相分离原则。任何组织和个人不得在学校进行宗教活动。

第四十一条 学校在学生中建立校学生会和共产主义青年团组织（简称共青团），学生会和共青团接受学校党委领导。鼓励学生在学生会和共青团的组织和指导下，在校内建立各类学生社团组织，并在法律法规规定的范围内活动，服从学校的管理和领导。学校鼓励学生参与民主管理和通过正常渠道对学校工作提出批评或建议。学校提倡学生自主管理，为学生会、有关社团开展活动提供必要条件，支持其在学生管理中发挥作用。

学生可在校内成立、参加学生团体。学生成立团体应当按学校有关规定提出书面申请，报学校批准并施行登记和年检制度。

学生团体邀请校外组织、人员到校举办讲座等活动，需经学校批准。

第四十二条 学校提倡并支持学生及学生团体开展有益于身心健康的学术、科技、艺术、文娱、体育等活动。

学生进行课外活动不得影响学校正常的教育秩序和生活秩序。

学生参加勤工助学活动应当遵守法律、法规以及学校、用工单位的管理制度，履行勤工助学活动的有关协议。

第四十三条 学生举行集会、游行、示威等活动，必须按法律程序和有关规定获得批准。对未获批准的，学校依法劝阻和制止。

第四十四条 学生应当遵守国家和学校关于网络使用的有关规定，不得登录非法网站和传播非法文字、音频、视频资料等，不得编造或者传播虚假、有害信息；不得攻击、侵入他人计算机和移动通信网络系统。

第四十五条 学校建立健全学生住宿管理制度。学生应当遵守学校关于学生住宿管理的规定。学校鼓励和支持学生通过制定公约，实施自我管理。在校学生由学校统一安排住宿，未经允许不得擅自调换寝室，申请校外住宿须经家长同意并签订有关责任书。

第四十六条 爱护公共设施和公物是每个公民应有的社会公德，学校的公物和公共设施是师生学习、生活的物质保障，学生有爱护公物和正确使用公物的责任，养成爱护学校一草一木的自觉性，学校实行损坏赔偿的财产管理原则。

第五章 奖励与处分

第一节 奖励

第四十七条 学校对德、智、体、美全面发展或学业成绩、科技创造、锻炼身体及社会服务等方面表现突出的学生，给予表彰和奖励。

第四十八条 学校对学生的表彰和奖励采取授予"三好学生"等称号，颁发证书、奖状、奖品，给予相应的精神鼓励或者物质奖励。学校设定奖学金，对品学兼优的学生实行奖励。

第二节 处分

第四十九条 对有违反法律法规、本规定以及学校纪律行为的学生，学校给予批评教育，并视情节轻重，给予如下纪律处分：

（一）警告；

（二）严重警告；

（三）记过；

（四）留校察看；

（五）开除学籍。

第五十条 有下列情形之一的学生，学校可以给予开除学籍处分：

（一）违反宪法，反对四项基本原则、破坏安定团结、扰乱社会秩序的；

（二）触犯国家法律，构成刑事犯罪的；

（三）受到治安管理处罚，情节严重、性质恶劣的；

（四）代替他人考试或者让他人代替自己参加考试、组织作弊、使用通信设备或其他器材作弊、向他人出售考试试题或答案牟取利益，以及其他严重作弊或扰乱考试秩序行为的；

（五）毕业论文、毕业设计、公开发表的研究成果存在抄袭、篡改、伪造等学术不端行为，情节严重的，或者代写论文、买卖论文的；

（六）违反本规定和学校其他规定，严重影响学校教育教学秩序、生活秩序以及公共场所管理秩序的；

（七）侵害其他个人、组织合法权益，造成严重后果的；

（八）屡次违反学校规定受到纪律处分，经教育不改的。

第五十一条　学校对学生作出处分，应出具处分决定书。处分决定书包括下列内容：

（一）学生的基本信息；

（二）作出处分的事实和证据；

（三）处分的种类、依据、期限；

（四）申诉的途径和期限；

（五）其他必要内容。

第五十二条　学校给予学生处分，坚持教育与惩戒相结合，与学生违法、违纪行为的性质和过错的严重程度相适应。学校对学生的处分，做到证据充分、依据明确、定性准确、程序正当、处分适当。

学生的违纪处分，按学校学生违纪处分管理的相关规定执行。

第五十三条　在对学生作出处分或者其他不利决定之前，学校告知学生作出处分的事实、理由及依据，并告知学生享有陈述和申辩的权利，听取学生的陈述和申辩。

处理、处分决定以及处分告知书等，直接送达学生本人，学生拒绝签收的，可以以留置方式送达；已离校的，可以采取邮寄方式送达；难以联系的，可以利用学校网站、新闻媒体等以公告方式送达，公告期为60日。

第五十四条　对学生作出取消入学资格、退学、开除学籍或者其他涉及学生重大利益的处理或者处分决定的，提交校长办公会或者校长授权的专门会议研究决定，并事先进行合法性审查。

第五十五条　学生处分期限设置如下：

（一）警告，6个月；

（二）严重警告，8个月；

（三）记过，10个月；

（四）留校察看，12个月。

学生处分期满，由学生本人申请，经有关学院评议、主管部门或校长办公会审核等程序予以解除。解除处分后，学生获得表彰、奖励及其他权益，不再受原处分的影响。

第五十六条 对学生的奖励、处理、处分及解除处分材料，学校真实完整地归入学校文书档案和本人档案。

被开除学籍的学生，由学校发给学习证明。学生自处分决定生效之日起7日内离校，档案由学校退回其家庭所在地，户口按照国家相关规定迁回原户籍地或者家庭户籍所在地。

第六章 申 诉

第五十七条 学校成立学生申诉处理委员会，负责受理学生对处理或者处分决定不服提起的申诉。

学生申诉处理委员会由学校分管校领导、学工处团委及相关学院等部门负责人、教师代表、学生代表、负责法律事务的相关机构负责人等组成，同时聘请校外法律、教育等方面专家参加。学生申诉处理委员会日常办事机构设在学校质量管理与工作督察处。

第五十八条 学生对学校的处理或者处分决定有异议的，可以在接到学校处理或者处分决定书之日起10日内，向学校学生申诉处理委员会提出书面申诉。

第五十九条 学生申诉处理委员会对学生提出的申诉进行复查，并在接到书面申诉之日起15日内作出复查结论并告知申诉人。情况复杂不能在规定限期内作出结论的，经学校负责人批准，可延长15日。学生申诉处理委员会认为必要的，可以建议学校暂缓执行有关决定。

学生申诉处理委员会经复查，认为做出处理或者处分的事实、依据、程序等存在不当，可以作出建议撤销或变更的复查意见，要求相关职能部门予以研究，重新提交校长办公会或者专门会议作出决定。

第六十条 学生对复查决定有异议的，在接到学校复查决定书之日起15日内，可以向学校所在地省级教育行政部门提出书面申诉。

第六十一条 自处理、处分或者复查决定书送达之日起，学生在申诉期内未提出申诉的视为放弃申诉，学校不再受理其提出的申诉。对同一处分结果的复议以一次为限。

处理、处分或者复查决定书未告知学生申诉期限的，申诉期限自学生知道或者应当知道处理或者处分决定之日起计算，但最长不得超过 6 个月。

第六十二条 学生认为学校及其工作人员违反本规定，侵害其合法权益的；或者学校制定的规章制度与法律法规和本规定抵触的，可以向省教育厅投诉。

第七章 附 则

第六十三条 学校对接受高等学历继续教育的学生、港澳台侨学生、留学生的管理，参照本规定执行。

第六十四条 本规定报教育厅备案并接受教育厅指导、检查和监督。

第六十五条 本规定自 2017 年 9 月 1 日起施行，原《武昌职业学院——学生管理规定》同时废止。其他有关文件规定与本规定不一致的，以本规定为准。

第六十六条 对于本规定，学校授权学工处、教务处负责解释。

武昌职业学院——学籍管理规定

第一章 总 则

第一条 为全面贯彻党的教育方针，维护学校正常的教学秩序和生活秩序，营造良好的校风和学风，不断提高教育教学质量，保障学生的合法权益，促进学生全面发展，依据《普通高等学校学生管理规定》（教育部 41 号令），制定本规定。

第二条 本规定是学校对学生进行学籍管理的基本依据。

第三条 本规定适用于全校普通高等学历教育专科（高职）学生。

第二章 入 学

第四条 按国家招生规定录取的新生，持录取通知书和有关证件，按学校规定的报到期限到校办理入学手续。因故不能按期入学者，应当提前向学校招生部门办理请假或保留入学资格手续，假期不得超过两周。未请假或请假逾期者，除不可抗力等正当事由外，视为放弃入学资格。

第五条 对患有疾病的新生，经学校医院或学校指定的二级甲等以上医院（下同）诊断不宜在校学习者，可以保留入学资格一年。保留入学资格者不具有学籍。在保留入学资格期内经治疗康复者，可以向学校招生部门申请入学，由学校指定医院诊断，符合体检要求，经学校复查合格后，重新办理入学手续。复查不合格或逾期不办理入学手续者，取消入学资格。

对应征入伍的新生，需由本人持录取通知书和身份证（户口簿）、高中教育阶段毕业证到入伍地县（市、区）人民政府征兵办公室领取并填写"应征入伍普通高等学校录取新生保留入学资格申请表"，加盖征兵办公章后，交送学校武装部门。学生退役后两年内，持当年录取通知书及"应征入伍普通高等学校录取新生保留入学资格申请表"到学校武装部申请入学，经学校审查合格后，办理入学手续。审查不合格的，取消入学资格；逾期不办理入学手续且未有因不可抗力延迟等正当理由的，视为放弃入学资格。

第三章　注　册

第六条 各学院在报到时对新生入学资格进行初步审查，审查合格的办理入学手续，予以注册学籍；审查发现新生的录取通知、考生信息等证明材料，与本人实际情况不符，或者有其他违反国家招生考试规定情形的，取消入学资格。

第七条 新生入学后，学校招生部门在三个月内按照国家招生规定对其进行复查。复查合格者予以注册，取得学籍。复查不合格者，学校区别情况予以处理，直至取消入学资格。凡属弄虚作假、徇私舞弊取得学籍者，一经查实，即取消其学籍。情节恶劣的，请有关部门查究。

第八条 每学期开学时，学生必须按学校规定的注册时间到所在学院办理注册手续。不能如期注册者，应当办理延缓注册手续。对未按规定时间注册的，视为未取得学籍或未延续学籍，学校将不予安排选课、不予安排课程考核、不予记载课程考核成绩。对无正当理由而拒不履行注册手续的学生，超过延缓注册期一个月的，经劝告仍不履行注册手续的，视为自动放弃学籍，予以退学处理。

第九条 学校在湖北省教育厅规定的时间内完成学生年度电子注册。

第十条 凡休学、保留入学资格或其他原因离校的学生，未经学校批准复学者或达到退学规定者不得注册；未按学校规定办理缴纳学费等手续者，不能取得新学期的学籍；家庭经济困难的学生可以申请贷款或其他形式资助，办理有关手续后注册。

第四章 考核与成绩记载

第十一条 学校实行完全学分制，学分分为两类：课程学分和活动课程学分。

课程学分是专业人才培养方案中规定的课程修完后获得的相应学分（以各专业人才培养方案为标准）。

活动课程学分是学生参与科学研究、技术开发、技能竞赛、发明创造、文学艺术创作及各类社会活动，以培养学生创新创业精神和社会服务能力，促进学生素质的全面提升而组织的各项活动而获得的学分。活动课程学分分为素质拓展学分、技能学分和特长与创新创业学分（以《武昌职业学院学生学分手册》为标准）。

第十二条 学生依照学校制定的专业人才培养方案，参加课程考核，考核合格者获取相应学分，考核不合格者按学校规定参加补考或重修。考核成绩和学分载入学生学业档案。

第十三条 课程（含实践性教学环节）考核分为考试和考查两种方式，应依据课程标准和课程性质、特点，采取适当形式进行考核。

课程考核成绩及格才能取得相应课程学分。课程考核成绩以百分制或五级制（优秀、良好、中等、及格、不及格）计分，百分制以60分为及格。无法按上述两种计分制评分的课程，可采用"合格""不合格"两级计分制评定。

必修课、学生选定的专业方向课补考不及格者，应重修。各种选修课程考核不合格者，可以重修或改修其他课程。

第十四条 学生思想品德的考核、鉴定，要以《高等学校学生行为准则》为主要依据，采取个人小结、师生民主评议等形式每学年进行一次。

公共体育课为必修课。该课程成绩应当根据考勤、课内教学、课外锻炼活动和体质健康等情况综合评定。

第十五条 学生根据学校有关规定，可以申请辅修校内其他专业或者选修其他专业课程；可以申请跨校辅修专业或者修读课程，参加学校认可的开放式网络课程学习。学生修读的课程成绩（学分），学校审核同意后，予以承认。

学生参加创新创业、社会实践等活动以及发表论文、获得专利授权等与专业学习、学业要求相关的经历、成果，可以折算为学分，计入学业成绩。

第十六条 学生严重违反考核纪律或者作弊的，该课程考核成绩记为零分，不予补考，并由学校视其违纪或者作弊情节，给予批评教育和相应的纪律处分。因严重违反考核纪律或者作弊而受到纪律处分的，经教育表现较好，可以给予重修机会。

第十七条 学生因故不能或没有按时参加人才培养方案规定的活动，应当事先申请或请假并获得批准。未经批准而缺席者，根据学校有关规定给予批评教育，情节严重的给予纪律处分。

第十八条 学生因退学等情况中止学业，其在校学习期间所修课程及已获得学分，学校予以记录。学生重新参加入学考试、符合录取条件，再次入学的，其已获得学分，经学校认定，可以予以承认。

第五章 免修、免听、间断听课、重修、缓考

第十九条 通过系统学习，掌握了该课程的内容并达到课程标准要求的学生，可申请参加免修考试。免修的条件及成绩认定如下：

（一）因某种原因不能参加该课程学习，但可参加该课程的考核；

（二）参加了开课学院制定的认证考试，认证成绩作为该课程考核成绩；

（三）已提前取得该课程的成绩并合格，所取得的成绩即为该课程成绩；

（四）参加了某项特殊的任务，由开课学院认定后，给予该课程成绩。

第二十条 学生对某门课程确有自学能力，可以申请免听，学生对获准免听的课程必须在教师指导下自学，完成指定的作业，参加实践性教学环节和考试。考试成绩在 60 分及以上者，给予学分，并记录成绩。

第二十一条　学生因听课时间冲突等原因,可申请间断听课。申请手续同"免听"。学生在间断听课过程中,到课率应达到该课程总学时的二分之一,并完成指定的作业,参加实践性教学环节和考试。考试成绩在60分及以上者,给予学分,并记录成绩。

第二十二条　每个学生每学期申请免修、免听、间断听课累计不得超过两门课程。马克思主义理论课和思想品德课(简称"两课")、体育课、军训、社会实践及实践性教学环节不得免修、免听或间断听课。

第二十三条　"重修",在补考不合格的情况下,学生可提出重修。学生重修成绩合格后按"重修合格"记载。

重修的课程不得免修。如有课程冲突,参加重修的学生提出免听或间断听课申请,获准免听或间断听课的学生必须按照"免听"或"间断听课"的要求完成规定的学习任务。

第二十四条　"缓考",学生因病或其他特殊原因不能参加考试时,必须提交缓考书面申请,经所在学院批准,并报教务处备案后方能生效。

第六章　转专业与转学

第二十五条　学生一般应在被录取的专业完成学业。学生具备以下条件者,可以提出转专业的申请,原则上仅限一年级学生:

(一)学生确有拟转入专业的兴趣和特长,经拟转入专业所在学院考核,确认转专业更能发挥其专长者;

(二)有某种疾病或生理缺陷(不含隐瞒既往病史入学者),经学校指定医院检查证明确属不宜在原专业学习,但尚能在拟转入专业学习者;

(三)学校根据社会对人才需要情况的发展变化,经学生同意,必要时可适当调整学生所学专业;

(四)休学创业或退役后复学的学生,因自身情况需要转专业的,学校优先考虑。

学生转专业须在学校教务部门根据专业班级容量、师资条件等因素核定的转入计划数内进行,经拟转入专业所在学院考核同意,教务部门批准。

转专业不得由提前批录取转到非提前批专业,反之亦然;不同专业若在不同批次招生,不得跨批次转专业;其他在招生时明确规定不允许转专业的情况,不得转专业。

第二十六条　学生一般应当在被录取学校完成学业。如患病或确有特殊困难，无法继续在本校学习的，可以申请转学。

学生有下列情形之一，不得转学：

（一）入学未满一学期的或者毕业前一年；

（二）高考成绩低于拟转入学校相关专业同一生源地相应年份录取成绩的；

（三）由低学历层次转为高学历层次的；

（四）以定向就业招生录取的；

（五）应予退学的；

（六）其他无正当理由的。

学生因学校培养条件改变等非本人原因需要转学的，学校出具证明，由所在地省级教育行政部门协调转学到同层次学校。

学生转学由本人提出申请，说明理由，经两校同意，由转入学校报所在地省级教育行政部门确认转学理由正当，可以办理转学手续；跨省转学者由转出地省级教育行政部门与转入地省级教育行政部门协商后，在转学条件确认后办理转学手续。须转户口的由转入地省级教育行政部门将有关文件抄送转入校所在地公安部门。

第七章　休学与复学

第二十七条　学生可以分阶段完成学业。学校实行弹性学制，3年制专科修业年限为3~6年。

第二十八条　学生申请休学或者学校认为应当休学者，经学校批准，可以休学。学生休学一般以一年为期可连续休学两年，累计不得超过两年。

休学创业的学生，最长学习年限可延长至6年。

休学学生应当办理休学手续离校，学校保留其学籍。学生休学期间，不享受在校学习学生待遇。因病休学学生的医疗费按国家及当地的有关规定处理。

学生休学期满，应当于学期开学前向学校提出复学申请，经学校复查合格，方可复学。

第二十九条　学生应征参加中国人民解放军（含中国人民武装警察部

队），学校保留其学籍至退役后两年。

学生参加学校组织的跨校联合培养项目，在联合培养学校学习期间，学校同时为其保留学籍。

学生保留学籍期间，与其实际所在的部队、学校等组织建立管理关系。

第八章 学籍预警与退学

第三十条 学生一学期未取得人才培养方案规定的同期应修总学分的三分之一者，或者未取得人才培养方案规定的应修学分累计达到10学分以上者，给予学籍预警。一学期未取得人才培养方案规定的同期应修总学分的三分之二者，或者未取得人才培养方案规定的应修学分累计达到20学分以上者，转入下一年级进行学业修读。

第三十一条 学生有下列情况之一者，应予退学：

（一）在学校规定年限内（含休学）未完成学业或累计未取得应修学分达60学分以上者或未修满人才培养方案规定实践教学环节学分者；

（二）休学、保留学籍期满，在学校规定期限内未提出复学申请或者申请复学经复查不合格的；

（三）经县级以上医院诊断，患有疾病或者意外伤残无法继续在校学习的；

（四）未请假离校连续两周未参加学校规定的教学活动的；

（五）超过学校规定期限未注册而又未履行暂缓注册手续的；

（六）本人申请退学的。

第三十二条 对学生的退学处理，由校长办公会研究决定。

对退学的学生，由学校出具退学决定书并送交本人，同时报学校所在地省级教育行政部门备案。因特殊情况无法送交本人的，则在校内发布公告，自发出公告之日起一周后，即视为送交。

退学学生按学校规定期限办理退学手续离校，档案、户口退回其家庭户籍所在地。

学生对退学处理有异议的，可以向学校学生申诉处理委员会提出申诉。

第三十三条 取消学籍或退学的学生，所交费用不予退还（代收的教材费除外）。

第九章　毕业、结业与肄业

第三十四条　学生在学校规定年限内，修完人才培养方案规定内容，成绩合格，修满本专业的学分，达到毕业要求，准予毕业，由学校发给毕业证书。

学生提前修满人才培养方案规定的学分，达到毕业要求，可提前毕业，毕业证书与同届毕业生同时办理。学生须于半年前提出申请，由学生所在学院批准，报教务处审批，主管校长批准后办理毕业手续。

第三十五条　学生在学校规定年限内，修完人才培养方案规定内容，未达到毕业要求，准予结业，由学校发给结业证书。在基本学制年限内结业的（专科三年），结业后两年内可以参加重修重考，成绩达到毕业要求的，换发毕业证书。

第三十六条　退学的学生，可向学校申请，颁发肄业证书，或由学校出具写实性学习证明。

第三十七条　学校严格按照招生时确定的办学类型和学习形式，以及学生招生录取时填报的个人信息，填写、颁发学历证书及其他学业证书。

第三十八条　学校严格执行高等教育学历证书电子注册管理制度，每年将颁发的毕（结）业证书信息报所在地省级教育行政部门注册，并由省级教育行政部门报国务院教育行政部门备案。

第三十九条　对违反国家招生规定入学者，学校取消其学籍，不予颁发学历证书；已发的学历证书，由学校依法予以撤销。对以作弊、剽窃、抄袭等学术不端行为或者其他不正当手段获得学历证书的，学校依法予以撤销。

被撤销的学历证书已注册的，学校予以注销并报教育行政部门宣布无效。

第四十条　毕业、结业、肄业证书和学位证书遗失或者损坏，经本人申请，由学校核实后出具相应的证明书。证明书与原证书具有同等效力。

第四十一条　本规定自2017年9月1日起实行，由教务处负责解释。

武昌职业学院——应征入伍学生学籍管理的补充规定

为加强我院在校学生应征入伍的学籍管理工作，根据国家教育部、公安部等联合发布的《关于进一步做好从全日制高等学校在校学生中征集新兵工作的通知》（〔2002〕参联字1号）和我院《学籍管理条例》等精神，结合学院实际，特制定本补充规定。

一、学生应征入伍前须到各学院办理保留学籍手续。入伍通知书正式下达后，须将入伍通知书的复印件报学院武装部备案，在籍学习时间不得与服兵役时间重复计算。

二、学生退伍返校应办理复学手续。学生应在退伍后的1个月内凭退出现役通知书及保留学籍手续到各学院报到，办理复学手续，并于第二年春季正式入学。

三、应征入伍的在校大学生退伍复学后，凭团级及以上部队的训练与品德考核等证明可以代替大学体育课、思想政治理论课中的"思想品德修养"和"社会实践"等课程，成绩一律按"合格"记载。

四、学生复学后继续按原专业教学计划执行，原则上不转专业。

五、非毕业年级应征入伍的学生尚未修完的专业核心课程，须在办理复学手续后补修，考核合格方可毕业；毕业年级应征入伍的学生如果已经修满教学计划规定的除毕业实习以外的全部学分，则办理复学手续后，符合毕业条件者可按国家规定的时间办理毕业手续。

六、学校为应征入伍的学生保留学籍至其退出现役后2年，逾期未办理复学手续且无正当理由者，予以注销学籍。

七、其他学籍事项按学院学籍管理条例执行。

八、本规定自颁布之日起实施。

附：

一、应征入伍高校新生"保留入学资格"手续办理程序

对象：大一新生。

流程：

1. 申请人需携带 5 份材料［一份身份证复印件、一份录取通知书复印件、一份入伍通知书复印件、两份武装部（走兵所在地）盖章的"新生保留入学资格审批表"原件］，到学校武装部办理保留入学资格手续。

2. 由学校武装部收取申请人相关资料并登记联系电话、报名号等相关信息（录取通知书复印件要编号、强调家长电话要能随时打通）。"新生保留入学资格审批表"经学校武装部盖章后，一份学校武装部保留，一份返还至当地武装部。

3. 开学一月后，由学校武装部将所有"保留入学资格"申请人的信息在 OA（办公自动化系统）上进行汇总并提交，待学工处、教务处、各相关学院教学办签署意见后，学校武装部将审批名单打印纸质版交至教务处学籍科。

二、应征入伍高校在校生"入伍保留学籍"手续办理程序

对象：在校学生。

流程：

1. 申请人携带 6 份材料［一份身份证复印件、三份入伍通知书复印件、两份正反打印并由武装部（走兵所在地）盖章的学费代偿申请表］，到学校武装部办理保留学籍手续。

2. 由学校武装部收取申请人相关资料并登记联系电话、报名号、学号、专业等相关信息（强调家长电话要能随时打通）。

3. 开学一月后，由学校武装部将所有"保留学籍"申请人的信息在 OA（办公自动化系统）上进行汇总并提交，待学工处、教务处、各相关学院教学办签署意见后，学校武装部将审批名单打印纸质版交至教务处学籍科。

特殊情况：

对象：大三入伍不保留学籍的学生（不推迟拿毕业证）。

流程：

1. 申请人携带7份材料［一份身份证复印件、三份入伍通知书复印件、两份正反打印并由武装部（走兵所在地）盖章的学费代偿申请表、放弃第三年学费减免承诺书］，到学校武装部办理登记手续。

2. 由学校武装部收取申请人相关资料并登记联系电话、报名号、学号、专业等相关信息（强调家长电话要能随时打通）。

注：放弃第三年学费减免承诺书，一式四份，一份交学工资助中心，一份交武装部，一份交财务处，一份二级学院留存。

三、应征入伍高校学生"退伍复学（入学）"手续办理程序

对象：在籍退役复学学生。

流程：

1. 携带6份材料［一份身份证复印件、三份退役证复印件、两份由武装部（走兵所在地）盖章的学费减免申请表］，到学校武装部办理复学手续。

2. 由学校武装部收取申请人相关资料并登记身份证、专业、学号、退伍证等相关信息，由学校武装部在OA系统中提交"学籍异动审批表（退伍复学）"，所在学院、学工处、教务处、财务处、主管教学校长签署意见后，学校武装部打印四份纸质档，由学生本人拿到相关部门加盖公章后，一份交教务处，一份各学院教学办留存，一份学工处留存，一份财务处留存。

3. 由学校武装部将所有"退伍复学"申请人的信息进行汇总，将名单打印纸质版，经学工处签字盖章后交至教务处学籍科。

武昌职业学院——学生违纪处分实施办法

第一章 总 则

第一条 为了加强校风学风建设，维护正常的教学、生活秩序，创造

良好的学习、生活环境，促进学生德、智、体、美全面发展，根据国家教育部《普通高等学校学生管理规定》和《高等学校学生行为准则》以及其他有关法律法规，本着教育与处分相结合，以教育为主的原则，结合我校实际情况，特制定本实施办法。

第二条 本办法适用于在我校接受全日制普通高等学历教育的专科生。

第三条 学生在校内有违纪行为的，依照本办法给予纪律处分。学生参加学校组织的校外实习、实践、考察等社会活动有违纪行为的，参照本办法执行。

第四条 学生有违法、违规、违纪行为的，视其情节轻重给予批评教育或者纪律处分。纪律处分的种类分为以下五种：

（一）警告；

（二）严重警告；

（三）记过；

（四）留校察看；

（五）开除学籍。

第五条 学生违反校纪校规，有下列情形，视其危害后果给予从轻或从重处分：

（一）有下列情形之一的，可以从轻处分：

1. 主动承认错误，如实交代错误事实，认识深刻，有悔改表现的；

2. 确系他人胁迫或诱骗，认错态度好，并能主动揭发的；

3. 其他可从轻处分的情形。

（二）有下列情形之一的，可以从重处分：

1. 故意隐瞒、歪曲、捏造事实，以及妨碍有关部门、单位调查，或者拒不承认错误的；

2. 对有关人员打击报复、威胁、恫吓的；

3. 在校期间曾受过处分，再次违纪应处分的；

4. 同时有两种以上（含两种）违纪行为的；

5. 伙同校外人员，违反法律法规、校规校纪应处分的；

6. 涉外活动违纪的；

7. 违纪群体中的组织、策划者；

8. 酒后滋事的；

9. 其他应当从重处分的情形。

第六条 学生因违反校纪校规需给予处分的，违纪处分的处理权及解释权归属：

（一）有关学生日常行为管理及思想品德教育方面的违纪处分处理及解释权归属于学生工作部（处）。

（二）有关学生学习、学业、考风考纪方面的违纪处分处理及解释权归属于教务处。

第七条 违纪处分的程序及审批权限：

（一）对学生作出处分决定之前，必须事先告知学生本人，并听取本人或其代理人的陈述或申辩。

（二）对学生作出警告、严重警告处分决定，由学生所在学院办公会议研究决定，报主管部门备案。

（三）对学生作出记过、留校察看处分决定，由学生所在学院向主管部门提出建议，或由主管部门征求学生所在学院意见后提出建议，报主管校领导批准。

（四）对学生作出开除学籍处分决定，由学生所在学院向主管部门提出建议，或由主管部门征求所在学院意见后，由校长办公会研究决定，并报湖北省教育行政部门备案。

（五）处分决定由主管部门在本单位官方网站公示，并书面通知被处分人所在学院和有关单位。被处分人所在学院要将处分决定书送达被处分学生本人，并履行签字手续。被处分人拒绝签字或因特殊情况不能签字的，由学生所在学院分管学生工作领导及辅导员签字，学院办公室记录在案。在必要情况下，学生所在学院办公室应当在处分决定书下达后三日内以书面形式通知违纪学生的家长，并要求学生家长协助学校做好学生的教育工作。

第八条 对学生作出处分，应当制作书面的处分决定书，处分决定书的内容包括处分和处分事实、理由及依据，并告知学生可以提出申诉及申诉的期限。警告、严重警告处分决定由学生所在学院办公室行文，记过及以上违纪处分决定书由学校办公室以学校的名义统一行文，行文日期即为生效日期。处分决定的书面文件及有关材料，由提出处分部门（单位）负责放入被处分人的人事档案内。

第九条 留校察看一般以一年为期。毕业年级学生的留校察看期从处分决定之日起至毕业离校之日止。受留校察看处分的学生,在察看期间有悔改和进步表现的,可按期终止。经教育不改或在察看期间又犯有警告以上违纪行为者,给予开除学籍处分。

第十条 对于受处分的学生,取消其自处分之日起一年内奖学金以及各类先进称号的评定资格;对于受留校察看处分的学生,取消其在终止察看后半年内的奖学金以及各类先进称号的评定资格。

第十一条 任何部门或个人无权擅自撤销任何学生的违纪处分,也不得以任何借口销毁、涂改或从当事人档案中撤出有关材料,违者将追究其责任,并视情节给予必要的处分。

第十二条 学校成立学生申诉处理委员会,受理学生对取消入学资格、退学处理以及违纪处分的申诉。具体办法见《学生校内申诉管理暂行办法》。

第二章 分 则

第十三条 学生有下列情形之一的,给予开除学籍处分:
(一)违反宪法,反对四项基本原则、破坏安定团结、扰乱社会秩序的;
(二)触犯国家法律,构成刑事犯罪的;
(三)屡次违反学校规定受到纪律处分,经教育不改的;
(四)其他应当给予开除学籍处分的情形。

第十四条 学生违反治安管理法律法规,尚不构成行政处罚的,给予警告或严重警告处分;受行政处罚,情节较重的,给予记过或留校察看处分;受行政处罚,情节严重,性质恶劣的,给予开除学籍处分。

第十五条 有下列扰乱校园秩序行为的,视其情节、性质、后果等,给予记过以上处分:
(一)扰乱教学楼、图书馆、办公楼、大学生活动中心等公共场所秩序,致使工作、教学、科研等活动不能正常进行的;
(二)捏造或者歪曲事实、故意散布谣言或者以其他方法扰乱校园秩序的;

（三）拒绝、阻碍国家工作人员或学校管理人员依法或依校规校纪执行公务的；

（四）非法制造、贩卖、携带、持有枪支、匕首、三棱刀、弹簧刀或者其他管制刀具的。

其他扰乱校园秩序的行为，按照《武昌职业学院校园秩序综合治理管理规定》进行处理。

第十六条 寻衅滋事、打架斗殴的，视其情节、性质、后果，给予严重警告以上处分。

第十七条 在校内违反校园交通安全管理规定，造成公私财产损失、人身伤害的，给予警告或严重警告处分；后果严重的，给予记过以上处分。

第十八条 用麻将、扑克或其他方式进行赌博或变相赌博的，视其情节，给予记过以上处分；组织赌博的，给予留校察看以上处分。

第十九条 盗窃公私财物的，视其情节、后果，给予严重警告以上直至开除学籍处分；盗窃公章、保密文件、试卷、档案等物品的，给予留校察看或者开除学籍处分；为作案者提供帮助的，比照作案者处理。

第二十条 过失损坏公私财物的，视其情节、后果，给予警告以上处分；故意损坏公私财物的，视其情节、后果，给予严重警告以上处分；故意损坏消防设备的，给予记过以上处分。

第二十一条 在奖助贷补、评先评优过程中存在弄虚作假、以不正当手段拉票及其他违纪违规等行为，视情节轻重给予严重警告以上处分。

第二十二条 一学期内未经请假或请假未批准未参加教学活动累计达到下列学时者，由学院和教务处依管理权限，经学生工作部（处）会签后，作出相应处分决定，并向受处分学生及家长及时预警：

（一）达到10~19学时，给予警告处分；

（二）达到20~39学时，给予严重警告处分；

（三）达到40~59学时，给予记过处分；

（四）达到60~79学时，给予留校察看处分；

（五）达到80学时及以上时，给予开除学籍处分。

第二十三条 一学期内未向学校请假或请假未被批准，擅自离校累计达到下列时长者，由学院和学生工作部依管理权限，经教务处会签后，作出相应处分决定，并向受处分学生及家长及时预警：

（一）达到3个教学日以内的，给予批评教育或警告处分；

（二）达到4~6个教学日的，给予严重警告处分；

（三）达到7~9个教学日的，给予记过处分；

（四）达到10~13个教学日的，给予留校察看处分；

（五）达到14个教学日及以上的，给予开除学籍处分。

第二十四条 违反考试纪律及考试作弊的，按照《武昌职业学院学生考试违规处理办法》进行处理。

第二十五条 违反学生住宿管理规定的，按照《武昌职业学院学生住宿暂行管理规定》进行处理。

第二十六条 违反《武昌职业学院消防安全管理实施细则》的，视其具体情节和造成的后果给予以下处分：

（一）在实训室、仓库等具有火灾、爆炸危险的场所吸烟、使用明火的，给予警告处分；多次违规或造成后果的，给予严重警告及以上处分。

（二）在学生宿舍内储存、使用明令禁止的大功率电器、酒精炉等明火用具、易燃易爆危险品以及私接乱拉电线的，给予警告及以上处分；不听劝阻、拒不改正或多次违规者，视情节给予严重警告及以上处分。

（三）有在学生宿舍内不按照使用规范正确使用电器等危险生活行为的，视情节给予警告及以上处分。

（四）在校园内任何场所和区域焚烧纸张、树枝、干草、杂物的，给予严重警告及以上处分；未经许可，有燃放孔明灯、点蜡烛等行为的，给予警告及以上处分。

（五）违反安全操作规程或实训室、资料室、图书馆等重点部位消防安全制度酿成火灾风险的，给予严重警告及以上处分；引发火灾的，给予留校察看及以上处分。

（六）擅自组织集体活动，因消防安全措施不落实造成事故的，视情节轻重给予组织者警告及以上处分。

（七）损坏、挪用、非火情情况下启用、擅自拆除或停用消防设施和器材的，视情节轻重给予严重警告及以上处分；导致火灾事故或影响火灾救援的，给予留校察看及以上处分。

（八）因过失造成火灾事故的，给予留校察看及以上处分；造成较严重后果的，给予开除学籍处分。

第二十七条 违反《武昌职业学院校园网络安全管理办法》《武昌职业学院宣传文化工作条例》等学校颁布的规章制度，屡教不改或情节严重的，视情况给予警告及以上处分。

第二十八条 违反学校图书馆管理规定的，视其情节、后果，给予警告以上处分。

第二十九条 违反学校有关医疗费报销的规定的，视其情节、后果，给予警告以上处分。

第三十条 伪造、变造、冒领、冒用、转让各种证件或证明文件的，视其情节、后果，给予严重警告以上处分。

第三十一条 有下列行为之一的，视其情节、性质、后果，给予警告以上处分：

（一）在建筑物、公用设备上乱涂、乱写、乱画、违章张贴的；

（二）损坏校园公用设施的；

（三）侮辱、谩骂或威吓他人，经教育不改的；

（四）诽谤、诬陷他人的；

（五）隐匿、毁弃或私拆他人信件，造成不良影响或损失的；

（六）冒用学校或他人名义，侵害学校或他人利益，给学校或他人造成不良影响或损失的；

（七）其他违反公民道德准则和大学生行为准则的行为。

第三十二条 知道事实真相的学生有作证的义务，应当积极配合有关部门、单位调查取证。

作伪证的，根据情节、性质、后果等，给予警告以上处分。

对证人打击报复的，根据情节、性质、后果等，给予记过以上处分。

第三章 附 则

第三十三条 本办法中的给予某一级别"以上处分"包含该级别处分。

第三十四条 成人高等学历教育学生、港澳台侨学生、留学生等的违纪处分参照本办法执行。

第三十五条 本办法自发布之日起施行。我校以前与本实施办法不一致的其他有关学生违纪处分的规定自行失效。

武昌职业学院——学生校内申诉管理暂行办法

第一条 为规范我校学生校内申诉制度，保证学生处理或处分的客观、公正，保障学生的合法权益，根据《普通高等学校学生管理规定》（教育部41号令）、《武昌职业学院学生管理规定》及有关法律法规，特制定本办法。

第二条 本规定所称的申诉，是指学生对学校作出的涉及本人权益的处理决定不服，向学校提出意见和要求。

第三条 本规定适用于我校在册接受普通高等学历教育专科（高职）的学生。

第四条 学生提出申诉应严肃、认真、诚实；学校坚持公开、公正、实事求是和有错必纠的原则处理学生的申诉。

第一章 申诉的受理

第五条 学生对学校作出的涉及本人权益的下列处理或处分决定不服，须在收到决定或公告之日起10个工作日内向学生申诉处理委员会提出书面申诉。

1. 对学生本人作出的警告、严重警告、记过、留校察看、开除学籍等行政处分；

2. 法律、法规规定可以提出申诉的其他处理决定。

第六条 受理申诉的机关是学生申诉处理委员会。专门的申诉委员会由7~11人组成，由分管校领导、学工处团委及相关学院等部门负责人、辅导员、教师代表、学生代表、负责学生事务的相关机构负责人等组成。学生申诉处理委员会委员任期2年，期满后由学校重新聘任。

第七条 学生提出申诉时，应当向受理申诉的机关递交申诉申请书，并附上学校作出的处理决定（复印件）。申诉书应当载明下列内容：申诉人的姓名、班级、学号、住所、联系方式、通信地址及其他基本情况；申诉的事项、理由及要求；提出申诉的日期；证据和证据来源。

第八条 对学生提出的申诉，受理机关应当在接到申诉书之日起3个工作日内，区别不同情况作出如下处理：予以受理，同时告诉申诉人；申诉材料不齐备，限期 5 个工作日内补正；过期不补正的视为不再申诉。

第九条 对决定予以受理的申诉，受理申诉的机关应当在接到申诉申请书后的 5 个工作日内，启动申诉的处理程序，并在自接到申诉申请书后的 15 个工作日内作出对申诉的处理决定。

第二章 申诉的处理程序

第十条 受理申诉的机关在决定受理申诉后，应当成立专门的学生申诉处理委员会（以下简称申诉委员会），负责处理该申诉，并提出具体处理意见。申诉委员会对涉及学生申诉的事项，有权进行查询和调查。

第十一条 申诉委员会根据实际情况可采取书面审查或开听证会的方式处理申诉。

采取书面审查方式的，申诉委员会也应对相关当事人进行询问，开展必要的查证。

申诉委员会决定采取听证会方式进行调查，按照本办法第三章的有关规定和程序进行。

第十二条 申诉委员会要根据实际情况提出处理意见，区别不同情况，作出下列决定：

（一）原处理决定正确的，维持原处理决定；

（二）原处理决定依据不当或者处理明显不当的，作出变更原处理决定的决定或建议。对变更留校察看以下处分的，直接做出决定；对变更退学处理或开除学籍处分的，提出建议，由校长办公会议研究决定。申诉委员会变更留校察看及以下处分的决定，以学工处名义发布，为学校的最终决定。

第十三条 受理申诉的机关要将申诉处理决定书及时送达申诉人。送达方式可采取下列任何一种：本人签收；按申请书通信地址邮寄并在校内布告栏内公告。

第十四条 在申诉期间，原处理决定不停止执行。

第十五条 在未作出申诉处理决定前，学生可以撤回申诉。要求撤回申诉的，必须以书面形式提出。受理申诉的机关在接到关于撤回申诉的申请书后，可以停止受理工作。

第三章 关于听证的规定和程序

第十六条 申诉委员会根据申诉人或代理人请求，或认为应该实施听证程序的，对没有请求的听证，在实施前应征得申诉人或代理人同意。听证主持人由申诉委员会成员担任。

第十七条 听证主持人就听证活动行使下列职权：

（一）决定举行听证的时间、地点和参加人员；

（二）决定听证的延期、中止或终结；

（三）询问听证参加人；

（四）接收并审核有关证据；

（五）维护听证秩序，对违反听证秩序的人员进行警告，对情节严重者可以责令其退场；

（六）向申诉委员会提出对申诉的处理意见。

第十八条 听证主持人在听证活动中应当公正地履行主持听证的职责，保障当事人行使陈述权、申辩权。

第十九条 参加听证的当事人和其他人员应按时参加听证，遵守听证秩序，如实回答听证主持人的询问，依法举证。

第二十条 听证开始前，听证记录员应当查明听证参加人是否到场，并宣读听证纪律。

第二十一条 听证应当按照下列程序进行：

（一）听证主持人宣布听证开始，宣布案由；

（二）作出处分或处理的经办人就有关事实和依据进行陈述；

（三）申诉当事人就事实、理由、证据或依据进行申辩，并可以出示相关证据材料；

（四）经听证主持人允许，听证参加人可以就有关证据进行质问，也可以向到场的证人发问；

（五）有关当事人作最后陈述；

（六）听证主持人宣布听证结果。

第二十二条 听证记录员应当将听证的全部活动进行笔录，并由听证主持人和听证记录员签名。

第二十三条 听证结束后,听证主持人应当主持制作听证报告。

第四章 附 则

第二十四条 本办法自 2017 年 9 月 1 日起施行。

武昌职业学院——学生军事课程管理细则

第一条 为加强学生军事课教学工作,保障我校军事技能训练和军事理论教学任务的完成,依据《中华人民共和国兵役法》《普通高等学校军事课教学大纲》《学生军事训练工作规定》制定本规定。

第二条 学生军事课教学工作,必须围绕服务国家人才培养、服务国防后备力量建设开展,坚持着眼时代特征、遵循教育规律、注重实际效果、实施分类指导的方针。

第三条 开展学生军事课教学工作,是国家人才培养和国防后备力量建设的重要措施,是学校教育和教学的一项重要内容。

第四条 凡我校在校生都应依法、依规接收统一安排的军事科目训练和学习,因故不能参加的必须请假,未经批准不参加军事课教学安排的学生,以旷课论处,累计三个半天旷课转入下一年度补训。

第五条 因健康原因不能参加当年军事技能训练的学生,需依据有关规定标准申请缓训或见习,经本人申请和学校审核批准,可减免相应军事技能训练科目,原则上不批准因事假的缓训申请。

第六条 根据《普通高等学校军事课教学大纲》的要求,结合学校年度工作安排,按照武装部制定的军训方案进行军事技能训练和军事理论教学工作,军事课一般安排在一年级第一学期开学进行,军事技能训练实际训练时间不得少于 14 天。

第七条 军训期间考勤及请假手续备案实施由连指导员负责落实,并在军事课结束后,将军事课考勤备案情况报军训指挥部。

第八条 我校军事课为必修课,共计 1.5 学分,包括军事技能训练和军事理论课教学。

第九条 军事课成绩由军事理论课成绩和军事技能训练成绩构成，各项成绩依据学生军训期间表现给予相应的分数，军事课成绩及军事技能合格鉴定表载入学生学籍档案。

第十条 奖励和惩处

（一）对军训期间认真负责、训练刻苦、纪律严明、成绩显著的集体和个人予以表彰，授予"军训先进连队""优秀学员""优秀军训教官""优秀军训指导员""军训标兵"等荣誉称号。

（二）对组织不力、训练不刻苦、违反军训纪律的集体和个人，视其情节轻重给予通报批评和处分。

（三）军训期间，没有履行请假手续而不参加军训活动的学生作旷课处理，学院将依照《武昌职业学院学生学籍管理条例》给予处理。

武昌职业学院——学生社团管理条例

第一章 总 则

第一条 学生社团的基本任务是：适应社会发展需要，适应教育改革及学生成长的需要，积极开展各种具有思想性、学术性、知识性、娱乐性的第二课堂活动，促进学生素质发展。

第二条 学生社团的活动经费来源为上级部门拨款、成员缴纳的会费以及接受奖励或赞助等。社团财务管理必须遵守社团联合会制定的财务制度。

第二章 学生社团的成立

第三条 学生社团的成立由社团联合会审核，校团委审批。凡未正式登记或未履行审批手续的社团，皆属非法社团，学校将予以取缔，由此产生的后果由当事人自己负责。

第四条 成立学生社团，须具备下列条件：

（一）有5名以上的学生联合发起，发起人必须具有开展该社团活动所必备的基本素质和条件；

（二）有规范的名称和相应的组织机构；

（三）有一至两名社团指导老师负责日常管理或业务指导。指导老师必须是校内有一定威望并热衷于学生社团工作的教师或党政干部；

（四）有规范的章程。

第五条 申请筹备成立学生社团，发起人应当向院团委提交下列资料：

（一）筹备申请书；

（二）章程草案；

（三）发起人和拟任负责人的基本情况介绍及学生证复印件；

（四）业务指导单位的书面意见及指导老师的基本情况、身份证明。

第六条 学生社团章程应包括下列事项：

（一）社团名称。学生社团的名称应当符合法律、法规的规定，不违背校园文明风尚；

（二）成立宗旨；

（三）活动范围和活动方式；

（四）社团成员资格及其权利和义务；

（五）组织管理制度、执行机构的产生程序及权限；

（六）财务管理、经费使用的原则；

（七）负责人的任职条件、权限和产生、罢免的程序；

（八）章程的修改程序；

（九）社团终止的程序；

（十）应当由章程规定的其他必要事项。

第七条 校团委自收到本条例第五条所列全部有效文件之日起一周内，就能否开展筹备工作做出答复。经批准筹备成立的社团，应当自校团委批准筹备成立之日起三十日内召开成员大会，通过章程，产生执行机构、负责人。筹备期间不得以社团的名义收取会费和组织社团筹备以外的活动。

第八条 筹备期结束，校团委应当于一周内做出批准或者不批准社团成立的决定。经批准正式成立的学生社团应尽快以公告或其他方式宣布成立。

第九条 出现下列情况之一，社团不予成立：

（一）社团宗旨、活动内容、范围不符合本条例第二条规定的；

（二）校内已经有性质相同或相近的学生社团，没有必要成立的；

（三）发起人受过校纪校规处分的；

（四）在申请筹备成立时弄虚作假的；

（五）筹备期限已满，参加社团的人数未超过二十人的；

（六）属于院外团体的分支或附属机构的。

第三章 学生社团的组织机构

第十条 学生社团的成员大会由全体成员组成，成员大会是学生社团的最高权力机构，依照本办法的规定行使职权。

第十一条 学生社团成员大会应当每学期至少召开一次，并将大会决议及时报校团委批准、报社团联合会备案。

第十二条 社团执行机构是成员大会领导下负责处理社团日常事务的机构。执行机构由社团负责人组成。

第十三条 学生社团负责人主要指社团正副会长、秘书长，学生社团负责人由本社团成员通过成员大会选举产生并报院团委审批。学生社团负责人不得兼任财务负责人。

第四章 学生社团的监督管理

第十四条 校团委负责对学生社团行使下列监督管理工作：

（一）学生社团的登记注册、变更注销工作及档案管理工作；

（二）对学生社团拟聘请的指导老师进行资格审查；

（三）协同业务指导单位对学生社团开展的除内部活动以外的开放性活动进行审批；

（四）定期召开社团负责人工作会议，并听取社团负责人的工作和活动情况汇报；

（五）学生社团的财务检查。

第十五条 学生社团向社团联合会提出活动申请时，必须说明活动的目的、内容、方式、时间、地点、组织负责人、范围以及经费预算等。

第十六条 学生社团不得私自刻制公章，经审批后可以自备艺术图章或其他标志。用于对外联络的社团图章须为椭圆形。

第十七条 违反上述规定的社团,校团委将予以通报批评;严重者暂停该社团活动资格并追究有关当事人的责任。

第五章 奖 惩

第十八条 学生社团有下列情形之一者,予以取缔处理:
(一) 社团活动违反宪法、法律、法规和规章的;
(二) 社团执行机构知道或应当知道社团成员利用社团名义从事非法活动而未予有效制止的;
(三) 背弃社团宗旨,造成恶劣影响的;
(四) 进行整顿后仍不合要求的;
(五) 社团成员连续两学期不足二十人的;
(六) 社团连续两学期未开展活动的。

第十九条 优秀社团干部:由社团联合会集体进行考评,考评范围为社团联合会全体委员,比例为总人数30%,一般在每学年年末进行。

第六章 附 则

第二十条 本条例归校团委负责解释。

第二十一条 本条例自发布之日起实施。

武昌职业学院——学生活动课程学分实施办法

为了全面贯彻落实省委、省政府办公厅印发《关于进一步加强和改进大学生思想政治教育的意见》的通知(鄂办发〔2011〕39号)的精神,根据《关于印发〈武昌职业学院制定专业人才培养方案的若干规定和意见〉的通知》要求,结合学校"因材施教、顺势成才"的教育理念,现将学校学生活动课程学分实施办法明确如下:

一、指导思想与基本原则

学生素质教育的基本指导思想:全面贯彻党和国家的教育方针,以立德树人为学校根本，基于学生全面发展的理念，传承中国传统教育的文化精粹，面向中华民族伟大崛起实现中国梦的实际，帮助学生厚德、强能、励志、创新，将其培养成信念坚定、品德优良、知识丰富、技能过硬、人格健全和学有专长的高素质技术技能型人才。

学生素质教育的基本原则：坚持以职业为导向，培养大学生综合素质和实践能力；坚持内容健康、格调高雅，与社会、文化、经济、科技发展相协调；坚持大学生自愿参加与要求获得相应学分相结合；坚持学校统筹组织与大学生自主开展活动相结合；坚持实施养成教育和促进大学生自我发展相结合；坚持课外教育与课内教学相结合。

二、活动课程学分内容及学分设计

活动课程学分分为素质拓展学分、技能学分、特长与创新创业学分三大模块。素质拓展学分分为学习引导教育、党的基础知识教育、行为习惯养成、我讲十分钟活动、社团活动、生活/生存及安全教育、社会实践；技能学分分为各类专业资格证书考试、英语/计算机考试等过级、竞赛；特长与创新创业学分分为论文、创新/发明/艺术创作、论著/发明成果的应用或专利、创业。

1. 素质拓展学分内容及学分设计（必修 15 学分）

活动主题	活动目标	活动内容	学分	学时	实施部门	开设时间
学习引导教育	培养学生个性化的学习方法、自我解惑的能力	经常性地开展高职学生学习方法方面的讲座，开展相关的演讲活动，让学生撰写如何学习方面的文章	1	20	图书信息中心、二级学院	1~4学期
党的基础知识教育	培养学生热爱党的情感，解决如何加入党的问题	开展党的基础知识教育讲座，让学生撰写相关的学习心得	2	40	党群工作办公室	

续表

活动主题	活动目标	活动内容	学分	学时	实施部门	开设时间
行为习惯养成（必修）	培养学生良好的生活习惯	做到四按时（按时起床、按时上课、按时锻炼、按时睡觉）	2	40	各二级学院、学生工作办公室	1~4学期
我讲十分钟活动（必修）	培养学生良好的语言表达、人际沟通能力	开展学生演讲、辩论、写心得的活动	4	80	学生工作办公室	
社团活动	培养学生有品位的兴趣爱好和创新精神	学生至少参加一个有品位的、学校组织的社团组织，通过社团组织培养形成有品位的兴趣爱好	6	40	学生工作办公室	
生活、生存及安全教育	培养学生生命、生活、生存质量的意识和能力；培养学生自我安全保护意识、方法和能力	成立有关帮助提高学生生活技能的社团组织；开展介绍防自然灾害、防人身伤害、防财物受损、防火、防盗、防心理失衡的知识和方法	1	20	保卫处、后勤集团、校医院	
社会实践	培养学生融入社会、增强社会责任感的意识和能力	鼓励学生在1~4学期的寒暑假期间进行社会调查、生产劳动、勤工助学等活动，形成社会实践报告	6	200	思政课部、二级学院	

2. 技能学分内容及学分设计（必修5学分）

项 目	要 求	学分值
各类专业资格证书考试	获专业资格证书	1~2
英语、计算机考试等	英语等级考试通过	2
	全国计算机等级考试（技能操作认证考试）	2
	驾照通过	2

续表

项目	要求		学分值
竞赛	校级	获一等奖	2
		获二等奖	1
		获三等奖	0.5
	省级	获一等奖	5
		获一等奖	3
		获一等奖	2
	国家级	获一等奖	8
		获一等奖	5
		获一等奖	3

3. 特长与创新创业学分内容及学分设计

项目	要求		学分值
论文	在公开刊物、全国性刊物发表文章	每篇论文	3～5
创新/发明/艺术创作（含学生作品）	视创新情况	每项	3～5
论著/发明成果的应用或专利	正式出版或获证书	每项	2
创业	第五学期以前注册公司并担任法人代表		5

（具体学分分解及记载详见校本《活动课程学分记录手册》）

三、活动课程学分的组织实施及认定记录

学习引导教育由图书信息中心和二级学院共同组织、实施、认定及记录学分手册；

党的基础知识教育由党群工作办公室和二级学院共同组织、实施、认定及记录学分手册；

"我讲十分钟活动"由教务处及校团委统一布置，二级学院组织实施，每个学期由大学生演讲团认定、记录；

学生社团活动由学生工作办公室、校团委与二级学院共同组织、实施、认定及记录学分手册；

生活、生存及安全教育由保卫处组织实施，由保卫处、后勤集团认定、记录；

社会实践由思政课部牵头布置、督促，二级学院组织实施，思政课部认定、记录；

其他活动课程学分由学生工作办公室、校团委与二级学院/书院共同组织、实施、认定及记录学分手册。

四、活动课程学分的申报、审核、确认程序

（1）活动课程学分的获得采用"学生参与—活动举办方认定记录手册并提供证明—二级学院素质教育考核认定工作组审核—素质教师汇总录入系统"的程序。原则上学分记录应当与活动开展同步。各二级学院素质教育办公室每学期13~15周汇总本学期所有学分并完成成绩的网上录入工作，最后一学年的活动课程学分认定工作须在4月中旬完成。

（2）凡符合获得活动课程学分条件者，由大学生本人填写"武昌职业学院大学生活动课程学分认定申请表"（一式两份）向二级学院素质教育考核认定工作组呈报审核，同时需递交有关证明材料，包括：获奖正式通知、文件、证书、论文所载刊物、有关科研项目的立项、结题、鉴定报告、开发的软件或制作的策划方案等。

（3）学生申请素质拓展学分的项目、荣誉等证明材料的署名单位必须是武昌职业学院，同一项目获荣誉参加多次评奖，取最高奖项相应学分计算。

（4）活动课程素质拓展模块学分的证明材料由活动举办方的负责老师负责提供，参与人数众多的活动需在相关部门的网站上公示参加学生名单。

（5）素质拓展活动模块学分的加分标准及目录由学工处领导、学工处负责该项工作的老师及二级学院素质教育考核认定工作组负责。

五、活动课程学分的认定要求

（1）根据学校人才培养方案，学生必须取得活动课程 20 学分，其中素质拓展 15 学分（行为习惯养成的 2 学分、"我讲十分钟活动"的 4 学分为必修学分），技能 5 学分，作为毕业资格的必要条件之一。超过 20 学分的部分，可与其他课程的学分置换（国家规定课程和专业核心课除外）。

（2）学生参加同一类别多个活动课程素质拓展环节，所得学分可以累计。若一个教育活动涉及多个类别的学分，则按可得到的最高学分计算，不再累加计分。

（3）二级学院管理部门每年 4 月对应届毕业生活动课程学分毕业证获得资格进行审核，并上报教务处核准。

（4）活动课程学分记入学生成绩总表，教务处和学工处每年分别对活动课程学分的管理工作进行监督检查，对弄虚作假者、不负责任的部门或单位，学校将视情节给予行政处分。

（5）负责组织实施、学分审核的学院素质培养办公室干部、团委（总支）书记和素质教师，认真履行工作职责，经校学工处考核合格，每学年记教学工作量，工作量作为职称评聘的考核条件，并按照通识课标准发放课时费。

（6）本办法实施由学工处负责解释。

附件：武昌职业学院大学生活动课程学分认定申请表。

武昌职业学院大学生活动课程学分认定申请表

姓名		学号		专业班级		学期	
项目编码							
类别	项目编码	具体内容 （事项名称、参加岗位、获奖结果等）				证明人	学分值
素质拓展学分							
技能学分							
特长与创新创业学分							
本人郑重声明以上填写的内容真实，若有不实之处，本人承担一切相关责任。 本人签字：　　　　　　　　　　　　　　日期：							

项目编码说明：

素质拓展学分：
　　学习引导 A1；党的基础知识教育 A2；行为习惯养成 A3；我讲十分钟活动 A4；
　　社团活动 A5；生活生存及安全教育 A6；社会实践 A7。

技能学分：
　　各类专业资格证书考试 B1；英语、计算机考试等过级 B2；竞赛获奖 B3。

特长与创新创业学分：
　　论文发表 C1；创新、发明艺术创作 C2；论著、发明成果的应用或专利 C3。

武昌职业学院——学生证、
火车票打折卡管理办法

根据《教育部办公厅关于加强高等学校学生证管理的通知》（教学厅〔2001〕8号）文件精神，为规范我校学生证的管理，特制定本办法。

一、学生证是学生身份证明的有效证件、参加学校活动的重要凭证，仅限学生本人使用，应妥善保管，不得转借、涂改或赠予他人。

二、新生入学后，经复查合格并取得学籍者，由各书院/学院到学工处领取学生证，并分发给学生。

三、学生遗失学生证，须立即向学工处申请补办。学生补办学生证须让辅导员开证明，经辅导员（班主任）签字，各院部审核、盖章后，到学工处办理。

四、凡因家庭地址变更，需要换发学生证的，应由学生本人申请，附家长工作单位人事部门和家庭户口所在地派出所的书面证明，到学工处办理。办理程序同第三条。

五、补办或换发学生证，需交近期一寸免冠照片一张、收取工本费。

六、学生因毕业或其他原因离校，应将学生证交还学工处注销。

七、凡持有两个或涂改、转借、冒用他人学生证者，一经查实，将视其情况轻重给予通报批评或警告等处分。

八、乘火车优惠卡的发放和使用。新生入学取得学籍后，由学工处统一组织符合条件的学生（学校和家庭住址不是同一城市且需要乘火车回家者）购买火车票优惠卡，优惠卡由学生本人粘贴在学生证上。学生证中"乘车区间"一栏内的到达站名，应填写父母所在地最近的火车站名，填写后不得涂改。如果家庭所在地有变动，需要更改时，必须由学生家长工作单位或所在地居委会出具相关证明方可办理变更手续。学生往返家庭与学校区间乘坐火车时，凭附有火车票学生优惠卡的学生证购买优惠火车票。"火车票学生优惠卡"每学年充值一次，每次充值后可继续享受四次乘车优惠，每学期的放假前两周本人到学工处办理充值。

武昌职业学院——学生档案管理办法

第一条 为了加强对学生档案的管理、收集、整理工作，有效地保护和利用档案，根据《高等学校档案管理办法》《高等学校档案工作规范》《武昌职业学院档案管理办法》，制定本办法。

第二条 为完整、准确、安全地保管和更好地开发利用学生档案，普通全日制学生的档案由学生档案室统一管理。

第三条 学生档案室的基本职责为：对已经归档的档案进行分类、编号、排列、上架及保管；收集、鉴别、整理学生档案；办理学生档案的查阅、借用的传递；调查、研究和完善学生档案工作，积极开发档案信息资源。

第四条 建立全校学生工作档案管理网络，各学院由辅导员（书院由班主任）负责学生管理档案的收集、整理、归档和移交工作。

第五条 学生档案是学校学生管理的真实记录，是学校的宝贵财产。任何部门或个人不得拒绝归档，更不得将档案材料据为己有。

第六条 学生档案材料的内容

（一）新生档案的全部材料。新生入学档案一般应包括"高中毕业生登记表""高考体检表""录取通知书""高中党团材料"。各学院辅导员（或班主任）收到新生档案后，按班级名单（以班为单位，以班级序号为顺序）整理、分类上交学生档案室，同时提交缺少档案学生名单并及时通知新生本人。

（二）新生入学登记表。该表由学生填写后，按班级名单（以班为单位，以班级序号为顺序）整理上交学生档案室，同时提交缺少名单并及时通知学生本人。

（三）军训成绩鉴定表。该表由辅导员填写后，整理上交学生档案室，同时提交缺少名单并及时通知学生本人。

（四）体检表。学生进校、毕业体检后，体检单由校医院上交学生档案室。

（五）高等学校毕业生登记表。应届毕业生应填写"高等学校毕业生登记表",离校前填好表、盖好章后由辅导员(或班主任)于6月前交到学生档案室装档。

(六)大学毕业生成绩表。成绩表由各学院打印、盖完章后由辅导员(或班主任)于毕业当年6月前交到学生档案室装档。

(七)党团员材料。党团材料分别由各二级学院负责整理并移交学生档案室装档。

(八)奖惩记录。在校期间获得的国家级、省级、市级、校级各种荣誉证书、学校下发的学生处分决定书由各学院(或书院)提供并装档。

(九)学籍变更材料,包括各学习阶段退学、结业、休学、转学、当兵、复学等变更材料。

(十)学籍卡。应届毕业生的"学籍卡片"由教务部门提供、学生档案室装档。

第七条 档案的整理

(一)新生进校后,学生档案室要将收集的档案材料及时整理、换袋、编号,并完成电脑录入工作。

(二)有关学生奖惩等材料,要随时整理归入档案。

(三)学生毕业时将档案按目录复查一次,核对袋内存放材料,并催促有关部门补齐。

第八条 学生因升学、转学、退学、毕业等原因可凭证明到学生档案室领取档案。

第九条 学生档案不准私自拆开,凡私自拆开的由本人负责。

第十条 学生档案查阅、借阅规定。学生在校期间,有关部门因工作需要查询、借阅档案的,须出具证明,在学生工作处办理登记手续,方可查阅、借阅档案且必须遵守保密制度和查阅规定,严禁涂改、抽取、撤换档案材料,未经批准不得擅自拍摄、复制档案内容。若出现此类情况按有关规定处理。

第十一条 学生档案的转递

(一)学生毕业(含结业、肄业)、转学、退学、出国、死亡或学籍变动后,应及时办理档案转递手续。

(二)毕业生档案应通过机要部门按报到证地址进行转递,一般不得由学生本人自带。用人单位凭介绍信可在履行相关手续后提取该单位已录用的毕业生档案。

（三）学生档案寄至相应的部门接收时，按以下规定执行：

1. 转到其他学校学习的我校学生，持"湖北省普通高等学校学生转学申请（确认）表"到学生工作处档案室办理档案转递手续。

2. 转入我校学习的学生，档案由转出院校负责寄至学工处学生档案室或由经办人员及时送交学工处学生档案室。

3. 考取本科院校的毕业生，持"录取通知书"到学工处档案室办理档案转递手续。

4. 申请自费出国或主动退学的学生，按《流动人员人事档案管理规定》寄送至有关人事代理机构代管。

5. 退学、受到开除学籍处分的学生，其档案寄送至生源地教育管理部门。

第十二条 本办法由学生工作处负责解释，自 2018 年 1 月 1 日起施行。

武昌职业学院——图书信息中心入馆须知

为规范图书馆秩序，创造良好的学习环境，特制定本须知，请读者自觉遵守执行。

1. 凭一卡通（借阅证）入馆。借阅证件仅限本人使用，不得转借，如发现借用、冒用或伪造借书证件的行为将予以停止使用图书馆的权利。

2. 保持馆内安静。禁止在馆内大声喧哗、高声交谈；读者入馆后须将手机调至振动或静音。

3. 保持馆内清洁。禁止乱涂乱画、乱扔垃圾、随地吐痰；禁止在馆内进餐、抽烟和使用明火。

4. 衣着整洁。禁止穿睡衣、背心、吊带衫、拖鞋入馆。

5. 举止文明。禁止抢占座位；将雨伞放在图书馆门口或自备包装袋；禁止在图书馆的阅览桌椅上躺倒休息。若放置物品的座位闲置超过 20 分钟，其他读者有权使用该座位。图书馆对占位物品不负保管责任，如有遗失，损失由占位者自负。

6. 爱护公共财物。爱护书刊资料、电脑等一切公共财物，损坏须按规定赔偿。

7. 按规定办理借阅手续。未办理借阅手续而把图书馆的文献或设备带出图书馆，将按违规或偷窃处理。

8. 自觉遵守图书馆的规章制度，支持工作人员按章办事，争做文明读者。

第五章 资助与奖励

武昌职业学院——国家奖学金、国家励志奖学金、国家助学金评选管理暂行办法

第一章 总 则

第一条 为激励我校学生勤奋学习、努力进取，在德、智、体、美等方面得到全面发展，根据《国务院关于建立健全普通本科高校、高等职业学校和中等职业学校家庭经济困难学生资助政策体系的意见》（国发〔2007〕13号）、省财政厅及教育厅关于印发《湖北省普通本科高校、高等职业学校国家奖学金管理暂行办法》（鄂财教〔2007〕89号）、《湖北省普通本科高校、高等职业学校国家励志奖学金管理暂行办法》（鄂财教〔2007〕88号）和《湖北省普通本科高校、高等职业学校国家助学金管理暂行办法》（鄂财教〔2007〕87号）等文件精神，为做好我校该三项奖项的评选管理工作，特制定本暂行办法。

第二章 奖助原则及标准

第二条 国家奖学金是为了激励普通本科学校、高等职业学校和高等专科学校学生勤奋学习、努力进取，在德、智、体、美等方面全面发展，由中央政府出资设立的，奖励特别优秀学生的奖学金。

第三条 国家奖学金的奖励标准为每人每学年8 000元。

第四条 国家奖学金的基本申请条件。二年级以上（含二年级）的全日制普通本、专科在校生，符合以下条件：

（一）热爱社会主义祖国，拥护中国共产党的领导。

（二）遵守宪法和法律，遵守学校规章制度，无违纪记录。

（三）诚实守信，道德品质优良。

（四）在校期间学习成绩优异，社会实践、创新能力、综合素质等方面特别突出。

（五）上一学年内完成20个小时义工。

（六）上一学年内所获奖助学金支配合理，无违规使用现象。

第五条 国家励志奖学金是为了激励高等学校家庭经济困难学生勤奋学习、努力进取，在德、智、体、美等方面得到全面发展，由中央和地方政府共同出资设立的，奖励资助品学兼优的家庭经济困难学生的奖学金。

第六条 国家励志奖学金的奖励标准为每人每学年5 000元。

第七条 国家励志奖学金的基本申请条件。二年级以上（含二年级）的全日制普通本、专科（含高职、第二学士学位）在校生，符合以下条件：

（一）热爱社会主义祖国，拥护中国共产党的领导。

（二）遵守宪法和法律，遵守学校规章制度，无违纪记录。

（三）诚实守信，道德品质优良。

（四）在校期间学习成绩优秀。

（五）家庭经济困难，生活俭朴。

（六）上一学年内完成20个小时义工。

（七）上一学年内所获奖助学金支配合理，无违规使用现象。

第八条 国家助学金是为了体现党和政府对普通高等学校家庭经济困难学生的关怀，由中央和地方政府共同出资设立，用于资助全日制本专科（含高职、第二学士学位）在校生中的家庭经济困难学生。

第九条 国家助学金的平均资助标准为每生每学年3 000元，具体标准在每生每学年2 000~4 000元范围内确定，可以分为2~3档。

第十条 国家助学金的基本申请条件：

（一）热爱社会主义祖国，拥护中国共产党的领导。

（二）遵守宪法和法律，遵守学校规章制度，无违纪记录。

（三）诚实守信，道德品质优良。

（四）勤奋学习，积极上进。

（五）家庭经济困难，生活俭朴。

（六）上一学年内完成20个小时义工（大一除外）。

（七）上一学年所获奖助学金支配合理，无违规使用现象。

第十一条 有下列情形之一者，不具备评选资格：

（一）课程和实践环节有不及格者。

（二）在校期间受到纪律处分者。

（三）在申请和评选过程中有弄虚作假行为者。

第三章 申请、评审和发放

第十二条 国家奖学金、国家励志奖学金、国家助学金每学年评选一次，实行等额评审，坚持公开、公平、公正、择优的原则。

第十三条 同一学年内，获得国家奖学金的家庭经济困难学生可以同时申请并获得国家助学金，但不能同时获得国家励志奖学金。

第十四条 同一学年内，家庭经济特别困难的学生在申请国家励志奖学金的同时可以申请并获得国家助学金，但不能同时获得国家奖学金。

第十五条 同一学年内，申请并获得国家助学金的品学兼优学生，可同时申请并获得国家奖学金或国家励志奖学金。

国家奖学金、国家励志奖学金获得者原则上不再参与当年其他奖学金的评选。退伍大学生，积极参加青年志愿者活动、社会公益活动的学生，同等条件下优先。

第十六条 评审中遵循自下而上、逐级推荐的原则，坚持做到公开、公平、公正，确保最符合条件的学生获得奖励和资助。具体程序是：

（一）学生工作处依据省教育厅资助中心的名额分配计划，拟订评选通知并在校园网上公布，各学院按照通知要求做好相应的申请、评选宣传工作，确保评选信息的公开和透明。

（二）符合条件的学生本人提出书面申请，如实说明申请理由并提供相关证明材料。

（三）经班级民主评议，各学院资助工作领导小组审议同意并公示3天无异议者，由学院相关负责人在其申请表上填写审核意见，汇同申请材料报学生工作处。

（四）学生工作处组织学校资助工作领导小组进行评审，报学校领导集体研究通过后，在全校范围内公示 5 天无异议者，确定为受奖、受助学生。

第十七条　学校每年在省教育厅资助中心规定评审时间内完成评审工作，并将评审结果报省教育厅资助中心。学校收到中央划拨的经费后 15 日内将国家奖学金、国家励志奖学金、国家助学金以打入银行卡的方式发放给获奖获助学生。

第四章　管理和监督

第十八条　国家奖学金获得者颁发国家统一印制的奖励证书，并记入学生学籍档案；国家励志奖学金获得者由学校统一印发证书，并记入学生学籍档案。

第十九条　国家奖学金、国家励志奖学金、国家助学金的评审与发放由学生工作处和财务处组织实施。学校成立由主管校领导牵头，学生工作处、财务处、教务处等部门领导及各学院负责人组成的专门评审委员会，负责审核、评议受奖、受助学生名单。

第二十条　各学院根据省教育厅文件精神和本办法要求，成立由学院党总支书记、学工办主任、辅导员、学生代表组成的学院资助工作领导小组，制定本单位相应的评选管理细则，认真做好家庭经济困难学生认定及国家奖学金、国家励志奖学金、国家助学金的评选工作，确保最符合条件的学生获得奖励或资助。

第二十一条　如发现学生申报国家奖学金、国家励志奖学金、国家助学金的相关材料弄虚作假，一经核实，取消申请资格，收回奖助资金。情节严重的，学校将依据有关规定进行严肃处理。

第二十二条　学校相关部门要严格执行国家相关财经法规，对国家划拨的以上三项奖助经费实行分账核算，专款专用，不得截留、挤占、挪用，同时应接受财政、审计、纪检监察、主管机关等部门的检查和监督。

第五章　助学金的中止

第二十三条　有下列情形之一者，由所在院部核实后报学校学生资助管理中心备案，中止发放国家助学金，中止款项纳入下一年度专项经费使用。

（一）在校期间受纪律处分者。
（二）在申请和评选过程中有弄虚作假、谎报家庭经济情况及本人生活状况者。
（三）平时有高消费、抽烟、酗酒等行为者。
（四）休学、退学者。

第六章 附 则

第二十四条 各学院要根据本办法制定实施细则报学生工作处备案后执行。

第二十五条 本办法由学生工作处负责解释。

第二十六条 本办法自公布之日起施行。

武昌职业学院——家庭经济困难学生认定工作实施办法

为了切实解决大学生的实际困难，帮助经济困难大学生完成学业，把党和政府对大学生的关怀落到实处，把贯彻十六号文件落到实处，结合学校实际，特制定本实施办法。

一、认定范围

1. 我校正式录取的普通全日制在校学生。
2. 家庭经济困难学生是指具有我校正式学籍，且本人及其家庭所能筹集到的资金难以支付其在校学习期间的学习和生活基本费用的学生。

二、认定时间

每年9月至10月10日。

三、认定标准

家庭经济困难学生根据其家庭经济状况可分为特别困难学生、困难学生、一般困难学生3个档次。

1. 学生家庭人均收入低于生源地居民最低生活保障标准，学生本人在校的基本学习、生活得不到保障，其家庭经济提供学费、住宿费和生活费有较大困难，且家庭状况符合下列情况之一，可认定为特别困难学生。

（1）低保家庭的。

（2）烈士家庭的。

（3）由社会福利机构监护的。

（4）列入农村五保户家庭的。

（5）父母一方或双方丧失劳动能力且无其他经济来源者。

（6）无经济来源支持其正常学习的单亲家庭子女。

（7）家庭遭受重大自然灾害或突发性灾祸，损失重大。

（8）因其他特殊原因造成家庭经济特别困难的。

2. 学生本人及其家庭所能筹集到的资金，在扣除基本生活费用后，不足以支付其在校学习期间的学费、住宿费和国家规定应该由学生缴纳的费用，被地方政府列为低收入户或者享受最低生活保障或者其他持有民政部门发放的困难证明的，且家庭状况符合下列情况之一，可认定为困难学生。

（1）家庭属于城镇低保户和农村特困户。

（2）父母一方或双方下岗（失业）的。

（3）家庭收入较低且有两个以上子女同时接受非义务教育的。

（4）家庭成员中长期有自费负担的危重病人。

（5）来自贫困和边远地区且无其他经济收入者。

（6）家庭遭受自然灾害，遭受损失，造成经济困难的。

（7）其他情况导致家庭经济困难的。

3. 学生本人及其家庭所能筹集到的资金，基本保障每月生活费，但家庭收入难以足额支付学生在校期间的学习费用的为一般困难学生。

四、认定原则

1. 家庭经济困难学生认定工作坚持实事求是，实行民主评议和学校评定相结合的原则。

2. 家庭经济困难学生认定工作必须严格工作制度，规范工作程序，做到公开、公平、公正。

3. 在认定家庭经济困难学生工作过程中，既要坚持审查相关证明，更要注重学生在校期间的日常消费情况和平时生活表现；对于家庭经济困难但能积极缴清规定费用的学生优先认定，对于有缴费能力而不积极履行缴费义务的学生不予认定。

4. 有下列行为之一者，不能认定为家庭经济困难学生，已认定者，取消其认定和受助资格。

（1）拥有或使用高档通信工具的。
（2）购买电脑（特殊专业除外）、高档娱乐电器等奢侈品的。
（3）经常出入营业性网吧者，节假日经常外出旅游者。
（4）擅自在外长期租住民房者。
（5）办理"绿色通道"手续后，有高消费行为或奢侈消费行为者。
（6）在提供相关证明材料中弄虚作假者。

五、认定比例

我校家庭经济特别困难学生的比例，原则上控制在学生总人数的5%以内；家庭经济困难学生控制在总人数10%以内；家庭经济一般困难学生控制在总人数15%以内。各院（系）可参照家庭经济困难学生认定标准，不求达到数额指标，全面、准确、真实地确定本院（系）家庭经济困难学生名单和人数。

六、认定机构

1. 学校成立由主管校领导牵头，学工处、财务处、教务处、各二级学院党总支书记等相关部门领导组成的学校家庭经济困难学生认定工作领导小组，负责审核全校家庭经济困难学生的认定工作，学工部负责组织和管理认定工作。

2. 各二级学院成立由学院党支部书记、学工办主任、辅导员、学生代表组成的学院家庭经济困难学生认定工作领导小组，制定本学院相应的家庭经济困难学生认定工作细则，负责本学院家庭经济困难学生认定的具体实施工作。

3. 各二级学院以班级为单位，成立以辅导员任组长，任课教师、学生代表参加的认定评议小组，负责认定的民主评议工作。认定评议小组成员中，学生代表人数一般不应少于本班学生人数的10%。认定评议小组成立后，其名单应在班级范围内公示。

七、认定程序

1. 家庭经济困难学生认定工作原则上每学年进行一次，一般在每学年第一学期开学后两个月内完成；学生本人或者家庭遭遇特殊意外情况，导致家庭经济困难的，经学校家庭经济困难学生认定工作领导小组同意可以随时申请和认定。

2. 学校在每学年结束时向学生发放"高等学校学生及家庭情况调查表"，在寄送新生录取通知书时同时寄送。需要申请认定家庭经济困难的新生及在校生应如实填写"高等学校学生及家庭情况调查表"，并到家庭所在地乡、镇或街道民政部门加盖公章，以证明家庭经济状况。

3. 每学年开学时，各班级家庭经济困难学生认定评议小组组织符合条件的学生填写"高等学校家庭经济困难学生认定申请表"，并负责收集"高等学校学生及家庭情况调查表"。已被学校认定为家庭经济困难的学生再次申请时，如家庭经济状况无明显变化，可只提交"高等学校家庭经济困难学生认定申请表"。

4. 班级家庭经济困难学生认定评议小组根据申请人提供的情况，结合学生日常消费状况，以及影响其家庭经济状况的有关情况，认真进行评议，初步确定本班级各档次家庭经济困难学生资格，报院（系）家庭经济困难学生认定工作领导小组审核。

5. 院（系）家庭经济困难学生认定工作领导小组应认真审核初步评议结果。若有异议，应在征得认定评议小组意见后予以更正。审核通过的，应在全院（系）师生中进行公示，公示时间不得少于 5 个工作日。若师生有异议，可通过有效方式向院（系）家庭经济困难学生认定工作领导小组提出质疑。院（系）家庭经济困难学生认定工作领导小组应在接到异议材料的 3 个工作日内予以答复。师生若对院（系）家庭经济困难学生认定工作领导小组的答复仍有异议，可通过有效方式向学校家庭经济困难学生认定工作领导小组提请复议。学校家庭经济困难学生认定工作领导小组，应在接到复议申请的 3 个工作日内予以答复。

6. 学工部汇总全校家庭经济困难学生推荐的情况后报请学校家庭经济困难学生认定工作领导小组审批，并为批准通过的学生办理认定批复手续。

八、管理要求

1. 对家庭经济困难学生的认定工作，是学院推荐和评审国家助学金、助学贷款和学校各项资助工作的前提条件，也是学校落实追缴欠费工作的基础。各二级学院应贯彻以学生为本，对学校及学生高度负责的精神，实事求是，全面、真实、准确地确定学校家庭经济困难学生名单、困难类别和人数比例。

2. 学生本人在家庭经济状况发生明显好转后应主动向学校报告，并申请取消家庭经济困难学生资格。

3. 各二级学院每学年第二学期对已认定的家庭经济困难学生进行一次资格复查，发现家庭经济有明显好转的应立即取消其家庭经济困难学生资格，终止对其资助。

4. 学生在提交家庭经济困难申请时应如实提供本人及家庭各方面情况，保证所提供材料的客观性和真实性。学校通过信件、电话、实地走访等方式对申请人情况进行核实，如发现弄虚作假现象，一经核实，立即取消资助资格。已获得资助的，收回所有资助金，情节严重的，依据有关规定予以严肃处理。

5. 各二级学院应加强学生的诚信教育，教育学生如实提供家庭情况，及时告知家庭经济状况变化情况。

6. 各二级学院应为家庭经济困难学生建立起规范的档案，完整地记录认定资料和接受资助的情况。

九、各二级学院要根据本办法制定家庭经济困难学生认定工作实施办法，报学工处备案后执行

十、本办法由学工部负责解释

十一、本办法自公布之日起施行

武昌职业学院——学生生源地助学贷款实施细则

第一章 总 则

第一条 根据《国务院关于建立健全普通本科高校高等职业学校和中等职业学校家庭经济困难学生资助政策体系的意见》（国发〔2007〕13号）、教育部及财政部和国家开发银行《关于在部分地区开展国家生源地助学贷款试点的通知》（财教〔2007〕135号）及《国家开发银行国家生源地信用助学贷款指导意见》、财政部及教育部和银监会《关于大力开展生源地信用助学贷款的通知》（财教〔2008〕196号）、《国家开发银行生源地信用助学贷款管理暂行办法》等有关文件精神，进一步完善我校生源地信用助学贷款运行机制，帮助家庭经济困难学生顺利完成学业，结合我校实际，制定本细则。

第二条 生源地信用助学贷款是指国家开发银行向符合条件的家庭经济困难的普通高校新生和在校生发放的、在学生入学前户籍所在县（市、区）办理的助学贷款。此贷款为信用贷款，学生和家长（或其他法定监护人）为共同借款人，共同承担还款责任。

第三条 生源地信用助学贷款按年度申请、审批和发放。

第二章　管理体制

第四条 为了密切银校合作，做好武昌职业学院生源地助学贷款的工作，按照湖北省教育厅学生资助管理中心的要求，学校成立专门的资助工作领导小组，下设学生资助管理中心，负责对生源地助学贷款工作的协调、落实工作。

第五条 为了加强对生源地信用助学贷款工作的管理，促进生源地信用助学贷款活动的顺利实施，学校学生资助奖励工作领导小组、学工处、财务处及各二级学院等相关部门，相互配合，协同工作。

第六条 学工处资助中心工作职责。

（一）负责管理全校专科生的生源地信用助学贷款手续办理工作。

（二）对申请借款人进行资格初审，并按照要求如期向湖北省教育厅学生资助管理中心报送全校申贷学生相关信息、报表、报告等。

（三）根据湖北省学生资助管理中心需要，协助提供生源地信用助学贷款学生的相关信息和学校收费账户信息等资料，负责贷款回执单的相关信息录入等工作。

（四）及时统计并向湖北省学生资助管理中心和各县（市、区）学生资助管理中心提供学生的变动（包括学生就业、升学、转学、退学等）情况和协调、解决学生在申贷过程中遇到的问题。

（五）组织各院系加强对学生的诚信教育，培养学生的诚信意识，宣传征信知识，教育学生毕业后按照合同约定履行还款义务。

（六）办理湖北省学生资助管理中心和学校交办的其他事宜。

第七条 财务处相关工作职责。

（一）负责生源地信用助学贷款资金划转工作。

（二）负责向借款人开具学习期间所需学费、住宿费等有关费用证明。

（三）负责与经办银行的协调工作。

第八条 各二级学院相关工作职责。

（一）院系学生资助工作领导小组指定专人负责本院系学生的生源地信用助学贷款工作。

（二）负责宣传生源地信用助学贷款政策，采集和管理借款人的生源地信用助学贷款信息。建立学生个人助学贷款管理工作档案，完善助学贷款工作体系。

（三）积极配合学工处，做好贷款学生资格初审，确保借款人为我校在籍的全日制专科学生，负责借款人资格认定，组织借款人参与各种调查、签约活动。

（四）及时向学校全人发展教育中心提供借款人的变动情况信息（包括学生就业、升学、转校、退学等），管理责任人和具体经办人发生变动时，应及时上报学校学生资助管理中心备案，并做好内部交接工作。

（五）负责贷款回执单的收集，组织贷款毕业生做好毕业确认等工作。

（六）对借款学生加强诚信教育，提高学生诚信意识。广泛宣传个人征信系统在支持个人贷款申请和防范个人信贷风险中的作用，让贷款学生充分认识到违约后果的严重性。

（七）协助助学贷款经办机构做好贷款本息的收回。

第九条　为保障生源地信用助学贷款工作的顺利实施，学校成立学生资助管理中心对生源地助学贷款进行统一管理，各院系成立学生资助工作领导小组，院系分管书记任组长，成员由学生服务办主任（副主任）、班级辅导员等组成，统一协调院系学生生源地信用助学贷款工作。

第三章　贷款对象和条件

第十条　贷款对象是指我校具有正式学籍的家庭经济困难的本专科学生（包括新生）。

第十一条　申请生源地信用助学贷款的学生须符合以下条件：

（一）具有中华人民共和国国籍。

（二）诚实守信，遵纪守法。

（三）具有正式学籍的新生和在校生。

（四）学生本人入学前户籍、其父母（或其他法定监护人）户籍均在本省同一个县（市、区）。

（五）家庭经济困难，所能获得的收入不足以支付其在校期间完成学业所需的基本费用。对孤儿、烈士和因公牺牲的军人子女，农村特困户和城镇低保户、重病户子女优先资助。

第四章　贷款程序

第十二条　贷款申请。每年5月底—8月底（具体以当年省资助中心的通知为准），学校家庭经济困难在校生提出申请，在国家开发银行所在的网站按照当年发布的流程进行申贷手续。

第十三条　贷款申请受理。学生和共同借款人持盖章的申请表一式两份，身份证、户口簿和高校录取通知书（在读学生持学生证）原件及上述材料复印件一式两份（本人及共同借款人户口簿只需出示，不需复印件）向县（市、区）教育局学生资助管理中心提交借款申请。资助中心对借款学生进行审查，审查通过后与借款学生签订《生源地信用助学贷款借款合同》（以下简称"借款合同"）。借款合同一式4份，学生、共同借款人、县（市、区）资助中心和开发银行或农村信用联社各持一份。县（市、区）资助中心同时打印"国家开发银行生源地贷款受理证明"（含验证码），盖章确认后交学生，随同借款合同一并带到学校报到注册。

再次申请贷款时，借款学生不需要再进行资格审查，只需提交经本人签字的申请表（一式两份）和学生证复印件（一份）即可。从2011年起，新版生源地信用助学贷款合同条款约定，借款学生与共同借款人默认为互为授权委托关系，不需再签订《授权委托书》。再次申请贷款时，借款学生或共同借款人一方不用前往受理现场，另一方可单独办理。

第十四条　贷款学生报到注册。新学期开学后，贷款学生持贷款受理证明或回执单到学校报到注册，并办理相关入学手续。

第十五条　电子合同回执单确认。由学工处学生资助中心根据受理证明，登录生源地信用助学贷款信息管理系统，录入并确认验证码和欠缴金额；县（市、区）学生资助管理中心老师在系统上确认后，电子合同回执单生效。截至10月10日（具体以当年省资助中心通知的为准）未录入电子合同回执单的学生贷款申请将被银行贷款系统自动谢绝。

第十六条　贷款发放。生源地信用助学贷款资金拨付采用"支付宝"方式办理。各县（市、区）学生资助管理中心在为贷款学生生成合同时，系统将自动生成"支付宝"账户，用于生源地贷款发放和本息回收。学生可在第三方支付平台（支付宝）指定的银行开立结算账户，与个人第三方支付平台（支付宝）账户绑定后，剩余贷款资金可提现用于生活费（贷款成功后，学生可通过在线服务系统关注支付宝使用办法或通过登录支付宝网站了解相关操作）。农村信用联社按合同签订内容执行。

第十七条　毕业确认。借款学生毕业时，须进行毕业确认。学生登录国家开发银行学生在线服务网站更新个人信息、发起"贷款确认"申请，学工处资助中心在系统上复核学生发起的"贷款确认"申请，完成毕业确认。毕业生务必在离校前完成毕业信息的提交，如未及时提交确认毕业信息，将按贷款银行相关办法处理。

第五章 贷款额度、期限、利率

第十八条 贷款额度。生源地信用助学贷款按年度申请、审批和发放。每个借款人每年申请的贷款额度不超过8 000元；年度学费和住宿费标准总和低于8 000元的，贷款额度可按照学费和住宿费标准总和确定。主要用于解决学生在校期间的学费和住宿费问题。

第十九条 贷款期限。贷款年限最长20年，具体计算方法：新生＝学制＋13（计算结果大于20的填写20）；在校生＝学制－已读年限＋13（计算结果大于20的填写20）；从2015年合同开始执行，以前签订合同期限不变更。

第二十条 贷款利率及利息。生源地信用助学贷款利率执行中国人民银行同期公布的同档次基准利率，不上浮。生源地信用助学贷款利息按年计收。学生在校期间的利息由财政全额贴息支付，毕业后的利息由学生和家长（或其他法定监护人）共同负担。

第二十一条 还款时间及方式。学生在校及毕业后2年期间为宽限期（2015年7月13日以后贷款的宽限期为3年），宽限期内只需偿还利息，无须偿还本金。宽限期后由学生和家长（或其他法定监护人）按借款合同约定，按年度分期偿还贷款本息。

第六章 贷后管理

第二十二条 贷款学生职责：

（一）按照要求提供有关贷款的真实信息。

（二）毕业后主动变更信息，并将变动情况提供给辅导员备案。

（三）按时偿还贷款本息。

第二十三条 贷款学生所在院系职责：

（一）建立本院系贷款学生档案信息库，对本院系贷款学生信息实行动态管理。及时了解贷款学生有无不良嗜好，有无违纪行为，准确掌握贷款学生有无可能导致休学的伤病，有无拟休学、转学、退学、出国留学或定居等问题和是否按要求与银行保持联系等信息。

（二）要加强对本院系贷款学生的诚信教育，教育贷款学生毕业后按照合同约定履行还款义务。

（三）认真组织本院系贷款毕业生进行还款确认，掌握贷款毕业生的有效联系方式并按要求上报信息。根据银行提供的贷款学生还贷情况，主动配合银行向已到还款期的贷款学生催还贷款。

武昌职业学院——学生评优与奖励实施办法

第一章 总 则

第一条 为引导学生德、智、体全面发展，鼓励学生刻苦学习、奋发向上，根据教育部和省教育厅有关文件精神，结合我校实际情况，制定本办法。

第二条 凡我校学生德、智、体全面发展，取得突出成绩的，或者在德、智、体某一方面有突出表现的，可依据本办法给予表彰奖励。

第三条 学校对学生的奖励坚持精神奖励和物质奖励相结合，突出精神鼓励的原则。

第二章 荣誉称号的设置

第四条 学校设立以下个人奖励：

（一）三好学生。

对于品学兼优，德、智、体全面发展的学生，授予"三好学生"荣誉称号。

（二）优秀学生干部。

对于品学兼优、社会工作突出的学生干部，授予"优秀学生干部"荣誉称号。

（三）优秀毕业生。

对于大学期间一贯品学兼优，德、智、体全面发展的应届毕业生，毕业时授予"优秀毕业生"荣誉称号。

（四）优秀团干。

对于品学兼优、共青团工作突出的学生干部授予"优秀团干"荣誉称号。

（五）优秀团员/优秀学生。

对于品学兼优，在校园文化建设中表现突出的学生，授予"优秀团员"或"优秀学生"荣誉称号。

（六）优秀团学干部标兵。

对于品学兼优，在"三自管理"中表现突出的学生，授予"优秀团学干部标兵"荣誉称号。

第五条 学校设立以下集体奖项：

对于班级建设和学生教育管理工作突出的集体，授予"五四红旗分团委""五四红旗团支部""先进班集体"荣誉称号。

第六条 单项奖励。对在某些方面有突出成绩的学生，给予单项奖励。单项奖励设置有：1. 社会实践奖；2. 文体活动奖。

第七条 特长生奖励。凡有突出成绩、先进事迹或特殊贡献的个人，学校将根据具体情况予以奖励。

第八条 对获得上述奖励的个人与集体，学校酌情采用以下方式予以表彰：

（一）授予荣誉称号，颁发荣誉奖状或证书。

（二）给予嘉奖或通报表扬。

（三）颁发奖金或纪念品。

（四）其他方式。

第三章　评选条件与比例

第九条 评选范围。

（一）凡具有我校正式学籍且按时注册的全日制普通专科生均可参加个人奖项的评选。

（二）凡我校学生集体均可参加集体奖项的评选。

第十条 本学年中有下列情况之一者不能当选"三好学生""优秀学生干部""优秀团学干部标兵""优秀毕业生""优秀团干""优秀学生"

"优秀团员"。

（一）触犯国家法律。

（二）不服从学校教育管理，违反校纪校规，受到通报批评或行政及纪律处分者。

（三）学习成绩不突出，有课程重修（补考）或学习成绩班级排名靠后的。

（四）拒不缴纳学费，恶意拖欠学费的。

第十一条 "三好学生"的评选条件。

（一）政治素质可靠：遵守宪法和法律，坚持四项基本原则，拥护党的路线、方针和政策，关心国家大事，政治上积极要求上进，无偏激言行。

（二）思想品德优秀：思想健康，品行端正，举止文明，讲究社会公德，为人正直，诚实守信，自觉遵守国家法律法规、大学生守则和学校各项规章制度。

（三）学习成绩优良：热爱所学专业，学习态度端正，每学期名列前茅。

（四）综合表现突出：热爱学校，关心集体，积极参加学校、二级学院、班级组织的各项活动，团结同学，乐于助人，尊敬老师，具有良好的群众基础，受到师生的广泛好评。

（五）身心健康，有良好的生活习惯，情趣高雅，无不良嗜好；注重锻炼身体，积极参加体育活动。

第十二条 "优秀学生干部"评选条件。

（一）具有良好的道德品质和行为习惯，诚实守信，严于律己。

（二）学习成绩优良（无补考科目），位于班级前列。

（三）热心为同学服务，工作责任心强，能够以身作则，任劳任怨，在同学中有较高的威信。

（四）在社会工作、社会活动中有突出成绩，获得上级表彰或师生好评的可酌情放宽学习条件。

第十三条 "优秀毕业生"评选条件。

（一）在校期间品学兼优，基本知识、基本能力与基本素质全面协调发展，德、智、体诸方面均取得显著进步，得到师生公认和好评。

（二）在校期间，尊敬师长，团结同学，关心集体，学习勤奋，没有课程补考重修。

（三）在毕业实习期间表现良好，成绩优秀。

（四）在校期间，受到省、部级表彰奖励者。

（五）有突出事迹，对社会、学校做出贡献，为学校赢得荣誉者。

第十四条 "优秀团干"评选条件。

（一）热爱共青团工作，政治思想觉悟高，责任心强，团结协作好。

（二）热心服务，群众基础好，有较好的示范表率作用。

（三）学习刻苦，本年度没有补考重修科目。

（四）团干任职一学期以上。

第十五条 "优秀团学干部标兵"评选条件。

（一）具有良好的道德品质和行为习惯，诚实守信，严于律己。

（二）学习成绩优良（无补考科目），位于班级前列。

（三）热心为同学服务，工作责任心强，能够以身作则、任劳任怨，在同学中有较高的威信。

（四）在社会工作、社会活动中有突出成绩，获得上级表彰或师生好评的可酌情放宽学习条件。

（五）任院分团委副书记，学生会主席、副主席，志愿者协分会会长或在校级学生组织任部长以上职务一年以上者。

第十六条 "优秀团员""优秀学生"评选条件。

（一）认真履行团员权利义务，政治思想觉悟较高。

（二）关心集体、团结同学、遵纪守法，积极参加团组织的集体活动，能按时缴纳团费。

（三）学习刻苦，本年度没有补考重修科目。

第十七条 "五四红旗分团委"评选条件。

（一）坚持正确的政治方向，融入中心工作，服务大局，服务青年。

（二）本学院/书院团的工作全面活跃，成效显著。

（三）不断加强分团委自身建设，班子建设好、阵地建设好、主题活动好。

第十八条 "五四红旗团支部"评选条件。

（一）坚持正确的政治方向，融入中心工作，服务大局，服务青年。

（二）本班团的工作扎实有序，气氛和谐。

（三）不断加强团支部自身建设，围绕中心工作开展适合青年特点的活动。

第十九条　"先进班集体"评选条件。

（一）班风好。班级有正确的舆论导向和健康向上的氛围，绝大部分同学积极要求进步，努力向党组织靠拢；全班同学团结互助，富有正义感，凝聚力强，能自觉遵守学校各项规章制度，一学年内没有重大违纪现象发生，未发生重大安全责任事故。

（二）学风好。全班同学专业成绩良好，学习刻苦认真，学习气氛浓厚，本学年内全班不及格率低。

（三）班级组织建设好。班干部以身作则，能发挥模范带头作用，班委会、团支部成员团结协作，坚持原则，工作有计划、有记录、有总结、有创意、有特色、有成效，圆满完成上级组织交给的任务，受到领导和老师的好评。

（四）班级制度建设好。认真贯彻学校有关制度，能结合本班实际，建立和健全本班各项管理制度（如班会制度、政治学习制度、考勤制度、文明寝室创建制度等），在校、院组织的有关检查中获得好的成绩。

（五）班级文化建设好。积极开展课余活动，形式丰富多彩，内容健康向上，在校、院活动中取得较好的成绩。

（六）学生骨干队伍建设好。班级要形成一支强大的学生骨干队伍，在政治思想、道德风尚、精神文明和学习、科技、文化、体育等方面表现突出。

（七）受到省、部级或学校表彰奖励的班级，优先考虑。

第二十条　评选比例。

"先进班集体"不超过学校班级总数的10%，"三好学生"人数不得超过班级学生人数的5%，"优秀学生干部"人数不得超过学校学生干部人数的5%，"五四红旗团支部"不得超过各学院/书院支部总数的10%，"优秀团员"不得超过学校团员总数的5%，"优秀团干"不得超过学校团干总数的10%，"五四红旗分团委"不得超过学校分团委总数的50%，"优秀毕业生"不得超过毕业生总数的5%。

第二十一条　单项奖励。

（一）社会实践奖。学生在社会实践、勤工助学、第二课堂中表现突出者，可获社会实践奖。

（二）文体活动奖。在学校、二级学院或国家、省、市各项文体活动中，态度积极、成绩优秀者，可获文体活动奖。

第二十二条　在院级学生组织中任职的优秀学生干部不占班级评选名额，由所在学院/书院分团委、学生会推选，报学院/书院审核，学校审批；在校级学生组织中任职的优秀学生干部不占班级和学院/书院评选名额，由相应学生组织按规定比例进行推选，在征求学生所在学院/书院党总支意见后经学生工作处审核，由学校审批。

第四章　评选时间与步骤

第二十三条　评选时间。

（一）"三好学生""优秀学生干部""先进班集体"评选工作安排在每年 6 月底前完成。

（二）"优秀团干""优秀团员""优秀团学干部标兵""五四红旗分团委""五四红旗团支部"评选工作安排在每年"五四"期间完成。

（三）毕业生的评优在毕业前夕结合毕业鉴定评选。

（四）凡逾期不申报的视作弃权处理。

第二十四条　评选步骤。

（一）根据学校统一部署，由各学院/书院召开大会进行动员，并组织评选工作。

（二）学生个人根据有关要求，填写鉴定考核表，对上一学年个人在德、智、体诸方面的成绩及存在的问题进行总结。

（三）学生所在班级要按要求进行工作总结，并提交班级工作总结报告。

（四）以班级为单位进行初评，各班提出初评名单，在本专业年级内进行评议后提交学院/书院党总支，由学院/书院党总支对照评优评先条件进行审核，学生工作处复核后，并予以公示，接受学生的监督，无异议后报学校批准。

第二十五条　优秀个人和先进集体，经学校批准后行文公布并召开表彰大会予以表彰。

第二十六条 授予"三好学生""优秀学生干部""优秀毕业生""优秀团学干部标兵""优秀团干""优秀团员"称号的学生均填写登记表，归入学生档案和学校文书档案，除物质奖励外，颁发荣誉证书。

第二十七条 授予"五四红旗分团委""五四红旗团支部""先进班集体"称号的集体，除物质奖励外，颁发奖状。

第二十八条 评选过程中要求材料齐全，有弄虚作假者将撤销奖励，并追究弄虚作假者的责任。

第五章 附 则

第二十九条 本办法由学工部负责解释。

第三十条 本办法自公布之日起实施。

武昌职业学院——学生技能竞赛管理办法

（试 行）

（摘 录）

第一章 总 则

第一条 为了鼓励和支持我校学生积极参加各级各类大学生技能竞赛活动，促进课程体系和教学内容的改革，加强学生动手能力、创新能力、团队协作精神的培养，规范学生参加技能竞赛的组织管理工作，特制定本管理办法。

第二章 竞赛组织与管理

第二条 学校的专业技能竞赛工作在主管校长统一领导下进行，由教务处负责组织协调与管理，相关二级学院（部）负责竞赛项目的具体组织和实施。

第三条 教务处的职责是做好各类竞赛的协调管理工作；收集、公布各类竞赛的信息；负责竞赛立项管理及相关表彰和奖励工作；组织竞赛的总结与交流等工作。

第四条 二级学院（部）的职责是做好竞赛指导教师队伍的建设工

作；参赛学生队伍的选拔和培训工作；技能练习场地、仪器设备的准备工作；校级竞赛的各项承办工作；围绕技能竞赛开展的教学改革及课程建设工作；相关资料的整理和上报工作。

第三章　竞赛项目与级别

第五条　学生技能竞赛项目由校内和校外两部分组成。校内技能竞赛项目主要依托学校每年举办的学生技能大赛节开展，要求专业覆盖面广，学生参与度高，积极贯彻"以赛促学、以赛促练、以赛促教"的宗旨，竞赛项目应与学生职业能力的培养和单项技能的训练联系密切，同时为专业社团和校外技能竞赛项目选拔人才。校外技能竞赛项目应关注针对性和影响力，通过优选参赛项目、指导教师和参赛选手，展现教学改革成果，提升学校品牌形象。

第四章　竞赛申报与审批

第十条　所有技能竞赛项目均应立项，并履行申报与审批程序，事先未经申报并批准立项的竞赛项目不予经费支持，不纳入竞赛奖励、教师指导工作量计算等各项统计范畴。

第十三条　经审批立项的技能竞赛项目，立项二级学院（部）应认真做好选拔、指导、组织实施及相关保障工作，并在竞赛活动结束后及时进行竞赛成果（作品）整理，获奖证书（复印件）、媒体材料（照片、视频）、工作总结和前期过程材料、竞赛中所取得的物化成果等按高校档案管理规定存档，并报教务处备案。

第五章　竞赛经费使用

第十四条　学校设立学生技能竞赛专项资金，用于各类竞赛的经费开支、师生奖励等，经费重点向校外一类竞赛和校内重点竞赛倾斜。

第十五条　校内技能竞赛项目的经费使用范围一般包括调研学习费、专家费、宣传组织费、学生奖励费、校内评委费、参赛作品耗材费等。

第十六条　校外技能竞赛项目的经费使用范围一般包括：参赛报名费、参赛差旅费、比赛期间教师指导津贴、比赛期间学生竞赛津贴、比赛辅导所必需的图书资料费、专家费、宣传组织费、学生奖励费、参赛作品耗材费等。

第六章 竞赛获奖奖励办法

第十九条 学校对参加校内技能竞赛的获奖学生进行奖励，奖项设置标准为：特等奖一名（可空缺）；一等奖、二等奖、三等奖数量分别约占参加决赛队伍（作品）总数的5%、15%、25%；优胜奖若干；决赛队伍（作品）总数一般不超过30支（项）。

注：各竞赛项目允许根据经费使用及参赛人数等实际情况对获奖人数和奖励标准适当浮动。

第二十条 学校对我校教师指导在校学生以"武昌职业学院"名义参加校外一类竞赛并获得三等奖及以上荣誉的项目进行奖励。奖励标准如表4、表5所示。

表4 校外技能竞赛获奖奖励标准（现场竞技类） 元

竞赛级别 \ 获奖等级	一等奖	二等奖	三等奖
国家级一类竞赛	10 000	5 000	2 000
国家级二类竞赛	3 000	1 500	800
省级一类竞赛	3 000	1 500	800
省级二类竞赛	800	500	300
市级竞赛	800	500	300

表5 校外技能竞赛获奖奖励标准（提交作品类） 元

竞赛级别 \ 获奖等级	一等奖	二等奖	三等奖
国家级	800	500	300
省级	300	200	100

注：奖励以获奖奖项为单位进行统计和发放，不按人数进行累计；同一参赛队伍（作品）在同届竞赛的不同级别比赛中获取多个奖项的，按最高得奖等次对应标准予以奖励；同一参赛队伍（作品）在同届竞赛中同时获取单项奖和团体总分奖的，按团体总分奖对应标准予以奖励。

第二十一条 学校在每年举办的学生技能大赛节开幕式上对上一年度的获奖教师和学生予以奖励，奖金由学校发放给获奖学生及指导教师所在二级学院（部），学生的奖励分配由指导教师决定并负责解释，教师的奖励分配由各院部根据竞赛过程中指导教师及支持保障团队的具体表现决定并负责解释。

第二十二条 获奖项目的指导教师在学校的评先评优中优先，获奖项目的参赛学生在奖学金评定、评先评优、士官选送、对口升学等方面优先。

第二十三条 学院设立学生技能竞赛组织奖，奖励省级一类和国家级竞赛获奖项目所属相关部门，其奖金额度不得高于所对应的获奖项目奖励额度。

第七章 附 则

第二十二条 本办法由教务处负责解释。

第二十三条 本办法自2014年1月1日起试行。

武昌职业学院——勤工助学管理实施办法

一、指导思想

根据《高等学校勤工助学管理办法》（教财〔2007〕7号）文件精神，为规范管理我校学生勤工助学工作，促进勤工助学活动健康、有序开展，保障学生的合法权益，帮助家庭经济困难学生顺利完成学业，特制定此管理实施办法。

二、基本原则

1. 勤工助学活动是学生利用业余时间参加的、以自立自强为目的、有组织的有偿社会实践活动，不能因此而荒废学业。

2. 学生参加勤工助学活动必须遵守国家法律、法规，用工单位及学校的规章制度，履行勤工助学活动有关协议的各项义务，不得参加有损学生形象、有碍社会公德的活动。

3. 学校各类学生勤工助学活动由学工处主管，下设学生资助中心负责日常事务。学校各个组织开展的勤工助学活动应在学生资助中心的统一安排下进行。

三、参加勤工助学的对象及条件

1. 在校的家庭经济困难学生和特困生，均可申请参加勤工助学活动。

2. 参加勤工助学活动，必须由学生本人书面提出申请，经家庭住址所在地县级民政组织出具贫困证明、辅导员审查批准，报学生资助中心统一登记。根据勤工助学现有岗位，经推荐和用工单位录用后，参加勤工助学活动。同等条件下，有岗位特长者优先，成绩优秀者优先。

四、勤工助学的岗位设置和申请

1. 校内勤工助学岗位的设置，必须坚持因事设置、按需设置和合理设置的原则。校内勤工助学岗位设置以学生工作助理、教学工作助理、行政工作助理、科研助理和后勤服务等为主。

2. 学生资助中心在每学期期初统一审批固定岗位。各单位需设立固定岗位的，原则上应在每学期期初向学生资助中心提出申请，经校领导批准后确立岗位及人数。临时岗位需提前一周提出申请。

3. 固定岗位由学生资助中心全面向全校家庭经济困难学生公开招聘。学生须向学生资助中心提出书面申请，并填写"勤工岗位申请表"。

4. 校内固定岗位按每月计酬。酬金由学生资助中心审核后，统一拨到学生银行卡或学生提供的其他卡中。无银行卡和其他支付卡时，以现金的形式发放。校内固定岗位300元/月，每月工作时间不得低于30小时。

五、勤工助学的管理

1. 学生资助中心根据需求，经过选拔、考核等环节，培训安排学生参加各类勤工助学活动。

2. 协助勤工助学的学生和用工单位签订双方协议和合同，落实勤工助学报酬，共同履行职责，调解学生和用工单位之间的矛盾和纠纷，依法维护学生的合法权益。

3. 学生资助中心对参加勤工助学的学生进行跟踪考核，对工作表现不好的学生，有权降低其勤工助学标准，对不接受工作安排的学生，将取消其勤工助学资格。对表现突出的学生，予以表彰和奖励。

4. 勤工助学活动坚持经常化开展，并根据各类勤工助学活动，制定相应的措施，实行规范化管理。勤工助学基金由学工处统一掌握，控制使用。

第六章　学生行为规范

武昌职业学院——学生日常行为规范

　　为进一步加强我校大学生日常行为的规范教育，培养学生良好的生活习惯，提高学生的思想道德素质，促进优良学风、校风建设，促进学生的健康成长和全面发展，根据《公民道德建设实施纲要》及教育部制定的《大学生行为准则》，结合我校实际，特制定《武昌职业学院——学生日常行为规范》。

　　1. 热爱社会主义祖国，拥护中国共产党的领导，树立正确的社会主义核心价值观。不得参与任何有损祖国尊严和荣誉的活动，严禁有扰乱社会秩序、破坏安定团结的行为。

　　2. 遵守学校的各项管理规定，服从学校的教育管理，通过正当的渠道和形式反映自己的意见和要求。

　　3. 爱护公共财物，不在公共设施、建筑物上刻划涂写；爱护花草树木；珍惜教学、实训设备，损坏公物要赔偿。

　　4. 发扬艰苦奋斗精神，勤俭节约，积极参加校园内外志愿服务和勤工俭学劳动，不浪费水、电、粮食，不向学校和家庭提出超越实际可能的生活要求。

　　5. 关心和爱护集体，团结同学，助人为乐，积极参加学校、学院和班级组织的各项社会实践活动和集体活动，以集体利益为重。

　　6. 不打架斗殴，不赌博，不参与非法校园贷，不喝酒，不吸烟，不看、不传淫秽、消极及反动书刊和声像制品。

　　7. 注重个人品德与文明礼仪修养，说话和气，待人有礼，尊老爱幼，乐于助人，守时守信；穿戴整洁大方，不纹身、不穿奇装异服，禁止穿拖鞋、背心、超短裙进入教学区。

8. 注重心理卫生，保持身心健康，合理调节和控制自己的情绪，不做有损集体和他人的事。

9. 遵守公寓管理规定，晚上 11 点前自觉熄灯就寝，不喧哗、打闹，不影响他人正常学习和休息；不损坏和私自拆装宿舍设备，不违章用电；不随地泼水、抛杂物，搞好宿舍清洁卫生；不留宿校外人员；禁止在宿舍饲养宠物。

10. 树立正确的交友观念，在与异性交往中要互相尊重，举止得体，言行适度，自尊、自重、自爱。

武昌职业学院——学生请假制度

为加强我校学风及宿舍管理建设，严肃学习纪律，规范请假行为，增强组织纪律性，确保学生按教学计划完成学习任务和参加各级组织安排的培养教育活动，保障各项工作的正常开展，结合学校实际情况，特制定本请假制度。

一、适用对象

全体学生。

二、严格请假、准假范围

1. 学生上课、实习、专业教育、班会、规定参加的会议等全部实行考勤制，因故不能参加者，必须按规定事先办理请假手续，并经批准后方可离校或缺课、缺席参加其他活动。

2. 学生因病、因事请假，必须提出书面申请（因病者还须附医疗单位证明，其中在校内请病假须出具校医务所的病假证明，在校外请病假需出具医院假条、药费发票、处方单等），并根据请假时间长短逐级审批。

3. 学生在节、假日期间，必须按规定的时间离校和返校。因故需提前离校或推迟返校者，须事先办理请假手续（若遇特殊情况，不能按时返校者，应出具相关证明）。

4. 原请假期满，如有特殊原因不能按时返校或不能按时上课学习和参加组织安排的培养教育活动的，必须提前续假并经批准，续假期满必须补办续假手续。除非常特殊情况外，禁止代假和先斩后奏补假。

三、请假审批程序

1. 由本人填写"请假审批表"，并根据时间长短逐级进行审批。1 天以内由学业导师审批，1~3 天由责任导师审批，4~15 天由学院院长审批，15~30 天由学工处批准，30 天以上由主管校领导批准。（士官学院另行标准）

2. 请假手续要求在假前办理，请假手续的审批程序，原则上由请假人本人亲自办理，按审批权限经批准后方可缺课、缺席参加其他活动和离校。因生病住院等特殊情况本人不能亲自办理的，可委托家人或同学办理。

3. 请假期满后，原则上要在一个工作日内按请假审批程序进行销假。

四、处 罚

1. 凡事先没有请假，或请假未批准，或超过假期事先未办理续假手续者，均以旷课论处。

2. 一学期累计旷课达到 10~19 学时者，给予警告处分；累计旷课达到 20~39 学时者，给予严重警告处分；累计旷课达到 40~59 学时者，给予记过处分；累计旷课达到 60~79 者，给予留校察看处分；累计旷课达到 80 学时及以上者，给予退学处理。

3. 学生每学期累计旷课超过 40 节，或事假超过 15 天者，学生累计不及格科目（含考试、考查、选修、实训、实习）超过 3 门，取消其评优评先及各类资格证书报名资格。累计 3 学期者，延迟推荐就业，直至取消其被推荐资格。

4. 学生在节、假日期间，必须按规定的时间离校和返校，超过15天未请假未返校者按自动退学处理。

五、责任要求

1. 学生归寝考勤由责任导师负责，上课考勤由学业导师负责。点名并登记归寝率及上课率（迟到、早退、旷课）学生名单，每2周1次汇总上报学院；教务处、学工处、督导部门将采取不同形式，定期或不定期检查各班出勤情况，并通报检查结果。
2. 请假人在请假期间要保持通信联系，不得关闭通信工具。
3. 学生请假期间，安全责任由学生本人负责。

武昌职业学院——学生考试考场规则

一、考生应按统一规定的时间，在指定的考场参加考试。

二、考生进入考场，只许带必需的文具，如钢笔、圆珠笔、铅笔、三角板、橡皮等。不得将任何书籍、报纸、资料、笔记本，以及各种无线电通信工具（如移动电话等）、电子记事本等物品带入考场。某些课程考试要使用计算器的，计算器也不能有程序存储功能。计算器和其他文具在考试过程中不许相互借用。

三、考生在每科开考前10分钟内凭学生证入场，按桌上贴好的座号就座，并将学生证放在考桌的左上角。考生迟到30分钟，不准入场；开考30分钟后才能交卷离场。

四、分发考卷时，考生不得离座。接卷后，考生必须首先在试卷的指定位置上正确清楚地填写姓名、学号、班级等；检查试卷是否有缺页、印刷不清楚或错发等现象，如发现有问题举手询问。

五、听到开考信号后才能开始答卷。答卷一律用蓝色或黑色钢笔、圆珠笔书写，要注意字迹清楚，卷面整洁；不许将答案写好后粘贴在试卷上。

六、听到考试结束信号后，考生应立即停止答卷，并将试卷、草稿纸翻放在考桌上，然后离场；不得将试卷和草稿纸带出考场；离开考场后不准在考场附近逗留或交谈。

七、考试时间内，除巡视员、考场负责人外，其他人员不得进入考场。以上人员进入考场时必须佩戴表明身份的胸牌。未经院长批准，不得在考场内照相、录像。

八、考试中途，考生无特殊原因不准离开考场。不许有夹带、交头接耳、传递纸条、偷看别人的试卷等作弊行为。

九、学生应严格遵守考场纪律，凡违反纪律或舞弊者，视情节轻重作相应处理，情节严重的请出考场，取消考试资格，该科考试记作零分，并按《武昌职业学院学生违纪处分条例》给予纪律处分。

十、帮助他人作弊与考试作弊者等同论处。

武昌职业学院——半军事化管理早操、早锻炼管理细则

（摘 录）

为增强学生体质，保障学生身心健康，培养学生良好的生活习惯，促进学校校风、学风建设，根据学校半军事化管理要求，特制定早操、早锻炼管理规定。

一、时间：早操、早锻炼时间为周一至周五7：00—8：00（每周一升国旗）。

二、地点：早操、早锻炼地点为校田径场及各主干道。

三、参加对象：全体在校学生。

四、学分：2个学分（必修）。

五、安排：周二至周五，大一学生7：20—7：30在各学院指定区域做广播体操（两遍），7：30—8：00可根据各学院安排进行跑步、读书等活动。大二学生绕学校外环跑步，7：00—8：00分别完成两个地点脸部识别打卡，每月要求打卡10次以上。

六、其他：学工处每天7：20—7：30对各学院和书院出勤情况进行登记，并适时公布。每学期期末进行评比，对出勤比率高的个人及集体进行

表彰。

武昌职业学院——晚点名细则

晚点名作为我校学生管理的常规工作，对于规范和维护正常的教学、生活秩序，强化学生安全纪律观念，创造良好的学习、生活环境，起到了积极的作用。为了切实将该项工作"落细、落小、落实"，进一步增强晚点名的规范性和实效性，形成长效机制，特制定本制度。

一、时间

教学日期的每周日和节庆假期返校日18：00—20：00。

二、地点

各学院晚点名教室。

三、参加人员

辅导员、大一至大二全体学生。

四、主持人

辅导员。

五、工作流程

（一）预备工作

1. 各学院和书院每周五下午根据学校统一安排，结合自身实际，制定任务清单，充实和完善"晚点名任务清单"，内容主要包括：

（1）学校下周的学生工作安排、重大校园活动安排。

（2）学院和书院下周学生工作任务清单，以及需要在学生中组织学习、传达、通报、布置、讲评的具体任务。

（3）情况通报：上周学校、学院和书院奖惩情况；上周学院和书院早锻炼情况通报；上周学院和书院查课情况通报；上周学院和书院查寝、晚归情况通报等。

（4）班团主题教育学习活动资料（可另附页）。

（5）其他需要说明的事项。

（二）晚点名

1. 晚点名：清点返校学生人数。每位学生要在"晚点名任务清单"上签字，对于缺勤人员详细记录名单及去向。

2. 辅导员总结上周工作情况，对学生上课学习、宿舍状况、早锻炼等情况进行通报讲评，表彰先进个人，批评违纪违规人员及事项。

3. 辅导员布置学校、学院、本班下周工作，组织学习与学生相关的上级或学校文件。

4. 安全教育。

（三）落实未返校学生状况

（1）对晚点名不在场的学生立即联系，要确保联系上每位学生，暂时没有联系上的学生要通过电话、QQ、微信、家长电话等方式确保学生平安。

（2）对在途学生、请假至晚点名当晚的学生，22点再次确认学生是否返校。

（3）对于请假学生，晚点名次日9点确认学生返校情况，督促学生办理续假/销假手续。

（4）学生晚点名无故不到者，视情况给予一定的纪律处分。

六、相关要求

（一）各学院和书院要把每周晚点名作为落实学生服务、管理工作的一项重要任务，严格按照制度的相关要求，切实组织好每周晚点名，确保尽好责、抓到位、见实效。

（二）各班级晚点名汇总情况以学院/书院为单位，于晚点名次日9：00前上报学工处。

第七章 安全与服务

武昌职业学院——学生公寓管理办法

物业管理规范

一、学生公寓的物业管理由公寓管理中心统一负责，公寓物业管理范围包括供水供电、卫生保洁、绿化美化以及设施设备的维护维修、网点的完善等。学生公寓房间内的保洁工作由学生个人负责，实行垃圾袋装化管理。

二、学生公寓公物由公寓管理中心统一编号，公寓管理员登记建账（卡），学生使用。学生公寓公物实行定人定位管理，任何人不得擅自换移（凳、椅除外）、拆卸，违者按照有关规定处理。

三、学生要爱护公共财产，自觉维护公物的完整。严禁涂写、刻画、损坏公物等不良行为。学生公寓内家具等设施，自然损坏实行免费维修；人为损坏，责任能落实的由责任者赔偿，落实不清的由全室集体赔偿。损坏公物除赔偿外，还要对当事人进行批评教育，直至给予纪律处分。

四、学生公寓实行限额供电，每个学生每月免费供应8度电，超过限额部分用电，费用按国家规定的用电标准收取。

五、学生公寓要做到人走灯灭，插座上无插头。因超负荷用电造成断电，应到公寓值班室登记，由公寓管理员通知水电维修部门进行维修，并交纳配件费。严禁学生乱拉、乱接电线；严禁私自更换保险丝、开关、插座和擅自拆、改电表。因违章使用电炉、电热器、热得快等大功率电器造成断电，除没收大功率电器、对当事人严肃批评外，还要对损坏配件进行经济赔偿。

日常行为规范

一、学生进出公寓须携带证件，配合值班人员的检查。

二、严格执行作息制度，学生公寓楼22：30锁楼门（周五、周六23：00）。

三、公寓内禁止踢球、打球及进行其他影响学习、休息的活动，不得大声喧哗，不得在洗漱室内裸体冲澡。

四、严禁在公寓内饮酒。

五、严禁在公寓内存放、传播、播放违反我国法律规定的书刊及音像制品。

六、严禁在公寓内打麻将及进行其他形式的赌博活动。

七、爱护公共设施，禁止损坏公寓公物，不得私自拆卸、挪用室内家具或设备。

八、严禁学生在公寓内以各种形式进行商业活动。

九、在学生公寓内不得有以下影响公共卫生的行为：

（1）向窗外、门外泼水。

（2）随地吐痰，乱丢杂物。

（3）在公共通道内堆放垃圾、杂物。

（4）在公寓及周围墙壁上刻画、涂写或张贴、散发各种启事、传单及广告等。

（5）在公寓内饲养狗、猫、鸟等宠物。

（6）在公寓内擅自装修。

（7）其他影响公共卫生的行为。

住宿管理规范

一、公寓管理中心根据招生部门和各院部提供的新生姓名、性别、院系、专业名单统一安排新生住宿。坚持院、系、专业、班级相对集中住宿的原则，安排新生房间号和床位的住宿分配方案。学生入学后，应凭学校财务处出具的住宿费收据或暂缓缴费证明到公寓管理中心办理住宿登记并造册。学生办理住宿手续后，按指定的房间、床位住宿，不准私自调换房间及床位。每间学生公寓选一名寝室长，配合公寓管理人员贯彻执行学生公寓的各项规章制度。

二、涉及变动的住宿管理。

1. 学生因学习成绩原因留、降级的、校外实习等，需持"留、降级通知单"到公寓管理中心登记并安排住宿。

2. 学生因故休学的，需持"休学审批表"和缴费凭证到公寓管理中心办理退宿手续；复学的学生需持"复学审批表"和缴费凭证到公寓管理中心办理复学住宿手续。

3. 转专业的学生在住宿资源允许的情况下可申请调整公寓和床位，需凭"转专业通知单"到公寓管理中心办理有关手续。

三、学生毕业或中途因故退学离校，需持"离校手续单"到公寓管理中心办理退宿手续，并在办好退宿手续后2日内离开公寓。

四、学生原则上应在学校公寓内住宿。确有特殊理由需在公寓以外的其他场所居住的，应按学校政策和规定程序办理相关手续。

五、学生实习期间住宿问题，按学校相关规定执行。

六、安全管理。协助保卫部门做好本楼栋的安全管理和安全教育。坚持巡视、巡查制度，定期到各楼层和房间巡视，随时掌握楼内情况，发现异常情况及时报告并做好记录。严禁学生携带易燃易爆、有毒有害物品进入寝室。对于可疑人员或情况及时报告相关部门和保卫处。防火防盗，爱护并定时巡查供水、供电、消防等公共设施，保证消防通道畅通。严禁在公寓内进行售卖售买行为。

七、微机管理。配合公寓管理中心对公寓实行信息化管理，学生数据和公寓信息全部输入电脑，及时更新和完善数据。

八、资产管理。协助检查和管理公寓固定资产，及时清点。实行资产损坏有偿维修制度。

九、环境卫生管理。负责公寓内环境卫生管理，每周不定期检查公寓卫生及公共卫生，并登记公布检查结果。负责对楼内保洁员进行现场监督管理，对工作不负责任或有违规行为的保洁员做好记录并报公寓管理中心。做好楼内的板报宣传工作，严禁乱贴乱画，在非指定区域张挂的任何宣传物，必须在24小时内予以清理。

十、公共设施管理。爱护和管理好公寓内公共设施，楼栋内走廊、卫生间、洗澡间等公共场所。

安全管理规范

一、宿管员应对本楼栋学生贵重物品（如电脑等）进行实名登记，对出入公寓的贵重物品进行登记备案，宿管员应不定时对楼栋进行安全巡查。

二、严格学生公寓会客制度，来访客人须在值班室登记，未经允许不得进入公寓内；学生未经允许不得留宿非本公寓人员。

三、学生应注意防盗，保管好现金及贵重物品。一旦丢失财物或发现可疑人员，应及时向公寓管理中心或保卫部门汇报。

四、学生应注意防火安全，严禁在公寓内私拉电线、网线，严禁拥有或使用电炉、电饭锅、电暖器、电吹风、电热杯、热得快、大型收录机等违规电器及煤油炉、酒精炉等，严禁燃点蜡烛。

五、保证消防通道畅通，严禁在楼道、楼门等消防通道处停放自行车及堆放杂物。

六、公寓管理中心、学工和保卫部门应定期对学生进行安全知识宣传教育，并完善学生公寓内消防设施。发生紧急情况时，及时采取有效措施引导学生疏散。

七、学生应注意人身安全，严禁在窗口、楼梯等危险地段拥挤、打闹，严禁到公寓楼顶等高危区域。

八、严禁在公寓内起哄，严禁向窗外投掷酒瓶等杂物。

九、严禁携带有毒、有害或易燃、易爆物品进入公寓，不得在公寓内燃放烟花爆竹、焚烧物品。

十、严禁在公寓内非法集会，进行非法活动。

学生公寓管理处罚条例

一、住宿学生必须按规定办理入住手续，在指定公寓房间内住宿，未经批准，不得擅自调换。一经发现应及时改正，并给予严肃批评教育。

二、不准私自留宿他人，违者给予批评教育并报学工部处理。

三、擅自拆卸、损坏家具及其他公共设施者，除照价赔偿外，还要根据情节给予警告以上的处分。

四、公寓内燃点蜡烛，使用各种电饭煲、电炉、取暖器等违章电器者，给予记过以上的处分。

五、在公寓内焚烧物品，存放易燃、易爆和有毒物品者，给予警告处分，并交有关部门处理。

六、在公寓内从事各种经商活动者，没收其所有物品，并给予一定的罚款。

七、在公寓楼内大声喧哗、高声弹奏乐器、大声播放音乐者，给予批评教育，屡犯者给予警告处分。

八、传播反动、淫秽书刊和影像制品者，除给予记过以上处分外，移交学校保卫部门处理。

九、在公寓楼内发生的打架斗殴、赌博、抽烟喝酒等违纪行为，根据《学生违纪处分条例》的有关规定对当事人进行处理。

十、随地吐痰、乱扔废弃物、乱倒垃圾、随便蹬踏墙壁、从窗户往外泼水或扔垃圾者，根据情节给予批评教育或警告以上的处分。

十一、自行车一律不准进楼，违者给予批评教育或警告以上的处分。

十二、熄灯后无特殊情况，严禁要电。无理取闹者，视情节轻重，给予警告以上的处分。

十三、凡熄灯关门后晚归者，要出示证件，填写登记表，于次日报所在院部进行处理。

十四、尊重管理人员，服从管理人员的管理。对拒绝管理、无理取闹辱骂殴打管理人员者，根据情节给予记过以上处分并承担相关费用。

十五、寝室内如确有人员违反条例又无法确认违规当事人，对寝室全体成员予以处罚。

十六、公寓管理部门及各院、系、部均有权对公寓楼内违反有关规定的学生进行处罚。

未尽事宜，由后勤集团会同违纪学生所在院部处理。

入住公寓须知

一、大额现金及时存入银行，随身不要携带过多的现金，以免丢失、被盗，谨防受骗。请按入学须知标准到学校财务处统一缴费。

二、电脑、手机、相机、随身听等贵重物品，切记妥善保管，不要随便丢放在桌、椅、床上；箱子、抽屉要及时上锁，以免被他人"顺手牵羊"。

三、最后一个离开寝室的同学一定要锁好门、关好窗。晚上睡觉前务必关好窗，以防品行低劣者趁熟睡之时行窃或从窗户"钓"走物品。

四、保管好银行卡（存折）和身份证，两者一定要分开存放，不要以六位数生日或身份证号码作密码，不要将密码泄露给他人。

五、在食堂、图书馆、教室、体育场馆等公共场所务必保管好自己的物品，做到人走物随。

六、对上门推销的人员要提高警惕，最好拒之门外。他们推销的商品质量得不到保证，价格也不低，此类人员有时还会借机熟悉地形，趁无人之时再入室行窃。发现此类人员，必要时可向公寓管理员或辅导员报告。

七、确保消防设施完好，提高消防安全意识，确保消防通道畅通。严禁破坏消防设施，违者追究法律责任，严禁在寝室内使用明火和大功率电器，严禁学生乱拉电线、网线等，以防发生火灾。

八、为了保证每位同学的安全，学院明文规定，晚上按时熄灯就寝，严禁晚上关宿舍门后私自外出，严禁晚上不归，严禁下湖游泳、洗澡等。

九、如寝室发生盗窃或遇到骗子，请保护好现场并注意控制可疑人员，立即通知辅导员并向校保卫处报案，或直接将嫌疑人扭送保卫处。

武昌职业学院——学生心理咨询工作实施方案

（试 行）

为切实有效地服务学生，提高我校学生的心理健康水平，引导学生树立正确的人生观，解决学生心理困惑，心理健康中心决定开展心理健康咨询服务，特制定本心理咨询工作实施方案。

一、心理咨询服务范畴

（一）适应咨询。即帮助心理比较健康但在学校生活上存在各种烦恼和心理矛盾的学生解除困扰，减轻压力，改善和提高适应能力。

（二）发展咨询。即帮助心理比较健康、无明显心理冲突、能基本适应环境的学生更好地认识自我和开发潜能，提高学习和生活质量，以获得更完善的发展。

（三）障碍咨询。即帮助有心理障碍或心理疾病的学生克服障碍，缓解症状，恢复心理健康。

二、心理咨询工作目标

加强心理危机干预力度，帮助有心理问题的学生渡过心理难关；保证每个工作日均有咨询室对学生开放，满足全校学生的心理咨询需求；通过个体咨询，有针对性地向学生提供及时、有效的心理辅导与咨询服务，帮助学生解决心理问题，促进其健康发展。

三、心理咨询工作对象

（一）经心理测评软件筛查及各学院排查，需心理健康教育中心进一步评定关注级别的学生。

（二）主动预约咨询的学生。

（三）通过院系转介到心理健康教育中心的学生。

四、心理咨询工作安排

（一）成立心理咨询工作组。工作组由学工处及心理健康中心负责组建及管理，咨询组设组长、副组长及心理咨询师，心理咨询师由获得心理咨询师证书、受过心理健康系统培训的教职工和武汉大学人民医院精神科专家组成。

（二）咨询工作面对全校学生开放。主动预约咨询的学生，需缴纳预约费；各学院排查出的心理有问题的学生，不需要预约，由心理咨询工作组直接安排咨询并评定关注级别。

（三）学生咨询预约时间为每个工作日的8：30—12：00、13：30—17：00，咨询地点为心理健康中心咨询室，预约电话17320515980。

（四）为充分保证心理咨询的效果，保障心理咨询师和来访者的合法权益，院系新增心理问题个案，需经学院辅导员跟踪记录后，再由心理导师进行专业咨询。所有访谈都需做好辅导记录工作。转介时应向中心详细介绍个案情况，并将个案的咨询记录一并交给中心。院系转介时应向来访者说明转介原因，在来访者自愿的情况下进行转介，同时做好转介来访者的情绪处理。

五、心理咨询师队伍建设

（一）专职教师队伍建设：心理健康教育中心专职教师的编制，执行教育部和湖北省教育厅关于普通高等学校学生心理健康工作基本建设标准，按照1∶4 000的师生比例进行配备。心理健康教育中心专职人员的招聘纳入学校人事管理工作体系，由学校干部人事处和学生工作处组织实施。

（二）兼职教师队伍建设：为满足我校实际大学生心理咨询和心理健康教育工作的需要，学校可聘请具有心理学、教育学或医学教育背景且具有心理咨询能力的教师、专家担任兼职心理咨询员，协助开展心理咨询工作。聘请及管理安排如下：

（1）申请人提出书面申请。

（2）由学工处及人事处对其资质条件进行审核并择优聘用。

（3）兼职心理咨询教师心理咨询工作，由学工处及心理健康教育中心负责具体安排和管理。

（4）学工处负责对兼职教师的日常工作进行督导和考勤。

（三）应聘条件：

（1）具有正确的世界观、人生观和良好的思想道德素质以及健全的人格。

（2）热爱并乐意从事心理健康教育与咨询工作，有较强的事业心和工作责任感，有奉献精神和协作精神，有开拓进取和创新意识。

（3）具备良好的思想素质和道德操守，遵守国家的法律法规和学校的各项规章制度，恪守职业道德。

（4）心理学相关专业优先选聘。

（5）获得心理咨询师资格证书者优先选聘。

（6）接受过心理咨询师系统培训的人员优先选聘。

（7）周工作量超18课时的专职教师不能做兼职心理咨询。

（四）岗位待遇：

（1）心理健康教育与咨询教师是学校教师的组成部分，是组织实施大学生心理健康教育和开展心理咨询服务活动的主要力量，享受专业教师的有关待遇。心理健康教育与咨询教师的培训纳入学校教师培训规划，培训所需经费由学校统筹。

（2）专兼职教师完成值班工作及开展心理咨询活动参照课堂教学标准计算相应工作量或给予合理报酬。

六、其他要求

（一）心理咨询按学生的咨询方式合理安排咨询工作，在充分尊重来访者的前提下，本着保密性、客观性、助人自助、专业能力限定等心理咨询原则开展咨询服务。

（二）根据学生心理咨询的实际情况，心理咨询师采用多种心理疗法帮助学生进行调节，逐渐形成健康心理。

（三）心理咨询师应做好档案的记录和整理，建立学生心理档案。

（四）对于疑难案例本着认真负责的态度，根据实际情况，及时向上级组织汇报；若有必要，将学生按有关规定转介给精神疾病医疗机构进行就诊和治疗。

武昌职业学院——校园网管理规定

校园网是我校重要的基础设施之一。为学校教学、科研和行政管理建立的计算机信息网络，其目的是利用先进的计算机网络技术实现校园计算机联网、校区互联，信息资源共享，并通过CHINANET（中国公用计算机互联网）、CERNET（教育网）等出口链路和INTERNET（互联网）互联，为全体师生员工提供技术先进、运行稳定、安全可靠的计算机网络环境，支持学校的教学、科研、管理工作。

第一章　总　则

第一条　为加强学校校园网的运行管理和使用管理，促进我校校园网的健康发展，特制定本条例。

第二条　校园网的管理与使用，应符合《中华人民共和国计算机信息网络国际联网管理暂行规定》《计算机信息网络国际联网安全保护管理办法》《中国教育和科研计算机网暂行管理办法》等相关法律和规定，并接受上级主管部门的监督和检查。

第三条　凡是在校园网入网的单位和个人必须按本管理条例的规定执行。

第四条　建设数字校园，为学校的教学、教研、教育管理与决策提供信息服务。

第二章　管理分工

第五条　图书馆负责审定校园网建设规划，网络运行经费预算及讨论、决定校园网管理中的其他重要问题。图书馆网络运行部负责校园网的技术支持和日常运行管理工作。具体工作包括：网络硬件和软件资源管理；Web（网页）、E-mail（电子邮件）、FTP（返回指定文件的大小）等校园网基础服务管理；网络信息资源开发；用户技术支持、咨询和培训等。

第六条　校园网采取统一规划、统一领导，实行分级管理、分层负责制。图书馆网络运行部和网络信息服务部负责校园网的运行管理及信息资源规划与建设；各院、部门负责部门信息和特色资源建设，加强本部门上网计算机、上网场所（如学院专业计算机室等）的管理。

第七条　图书馆网络运行部负责对校园网的服务器、交换机、光纤路由、楼宇网络布线及网络设备进行管理、维护。

第八条　各接入单位建设的网络（局域网等）由各单位自行负责建设、运行和管理。

第九条　图书馆负责制定并执行《武昌职业学院校园网管理规定》《武昌职业学院BBS论坛管理规定》等。

第三章 入网条件

第十条 各单位和用户入网向图书馆提出书面申请，填写"学校入网申请表"后方可成为校园网的正式用户。

第十一条 图书馆网络运行部负责用户资格及使用情况审查，根据审查结果确定其入网申请或取缔其入网资格。

第十二条 入网用户计算机的网卡号、IP 地址等信息，必须在图书馆网络运行部注册登记。各用户如需更换网卡，必须到网络中心登记，否则视为非法用户。必要时校园网网络运行部有权要求其更换网络产品，以确保整个网络的正常运行。

第四章 入网用户应遵守的法规和规定

第十三条 加入校园网的用户必须严格遵守国家有关计算机信息网络联网及信息系统安全的法律和规定，遵守校园网管理条例。

第五章 安全管理

第十四条 图书馆和各连入单位必须采取技术和行政手段，确保校园网络安全。校园网络的安全管理，信息（内容）安全由党办、院办、宣传部、保卫处、图书馆等机构审核检察；有部门主页信息发布权限的单位，单位行政主要领导负责所发布信息的内容安全；校园网技术安全由图书馆负责实施。

第十五条 入网单位必须指定一名负责人，对本单位网络进行严格管理，具体负责本单位的网络安全和信息安全工作。入网单位和用户必须严格管理分配的网络 IP 地址和用户账号。各单位的网络管理员负责本单位的入网计算机的登记并报图书馆网络运行部备案，由校园网网络运行部进行监督和检查。

第十六条 各单位行政主要负责人负责审查本部门的上网信息，严禁涉及国家机密的信息上网。

第十七条 校园网用户在网络上发现有碍社会治安和不健康的信息有义务及时上报校园网管理相关责任人员并自觉立即删除。

第十八条 校园网各级管理机构设定网络安全员，负责相应的网络安全和信息安全工作，并定期对网络用户进行有关信息安全和网络安全教育。

第十九条　学院专业计算机房、公共计算机教室，对学生开展上网服务的，部门行政主要领导需指定专人具体负责学生集中上网场所的安全管理工作。

第二十条　校园网用户不得在校园网上进行干扰其他网络用户、破坏网络服务和破坏网络设备的活动。严禁制作、散布计算机病毒等；严禁发布含有下列内容之一的信息：

（一）反对宪法所确定的基本原则的。

（二）危害国家安全，泄露国家秘密，颠覆国家政权，破坏国家统一的。

（三）损害国家荣誉和利益的。

（四）煽动民族仇恨、民族歧视，破坏民族团结的。

（五）破坏国家宗教政策，宣扬邪教和封建迷信的。

（六）散布谣言，扰乱社会秩序，破坏社会稳定的。

（七）散布淫秽、色情、赌博、暴力、凶杀、恐怖或者教唆犯罪的。

（八）侮辱或者诽谤他人，侵害他人合法权益的。

（九）含有法律、行政法规禁止的其他内容的。

第二十一条　各用户不得利用网络传输具有国际挑衅或国际争端的文件。

第二十二条　各用户应自觉遵守知识产权的有关法律法规。

第二十三条　各用户应严格遵守《校园网入网安全协议》的相关内容。BBS、聊天室、电子公告栏等网络交互功能使用需按规定办理相关手续。

第六章　网络运行、维护的办法与规定

第二十四条　校园网网络服务器、交换机、光纤路由、楼宇网络布线及网络设备等，日常运行与维护由图书馆网络运行部负责。

第二十五条　各接入单位联网端口和IP地址由图书馆网络运行部统一规划、分配。如需增减通信端口和IP地址，需向图书馆提出书面申请，并按要求提供所需资料，由网络运行部负责实施，不得自行处理。

第二十六条 各接入单位应保障接入网的网络端口的安全。如发现与主干网连接不畅，或有异常现象，单位管理人员应马上通知网络运行部，协助网络运行部查明原因，排除故障。

第二十七条 图书馆网络运行部应特别注意监视主干网运行情况，定期巡查各楼宇骨干交换机等设备，并做好运行维护日志，一旦发现故障，应及时通报有关情况，并尽快解决。任何单位和个人，未经图书馆同意，不得擅自安装、拆卸或变动网络设备。

第二十八条 学校任何单位或个人（含学生公寓），不得擅自与其他校外非正规网络或互联网连接；教学、科研特殊需要，需报图书馆审核。

第七章 网络信息发布办法与规定

第二十九条 校园网信息发布，根据校园网应用领域及功能的不同，严格遵循"分级管理、责任到人"的管理原则；学校主页信息组织与发布（包括未申请自建部门主页发布权限的部门要发布的部门信息）、学校主页 WEB 服务器信息管理等工作由图书馆网络运行部负责。

第三十条 申请部门主页信息发布权限、自建部门级主页网站的单位，需填写"武昌职业学院校园网信息安全责任书"（到图书馆网络运行部领取），经部门行政主要领导签字、图书馆主任签字，院长审批后，交图书馆备案，领取部门主页发布权限（用户名及密码）。

第三十一条 学校在 INTERNET 上发布的信息主要包括教学信息、科研信息、行政信息、宣传信息、文化娱乐资源等。

（1）教学信息包括招生信息、学生就业信息；专业介绍、选课信息，重点课程的资料，教学研究成果和获奖资料等。

（2）科研信息包括有关研究所、研究中心、重点学科的资料、科研成果及获奖资料。

（3）行政宣传信息包括学校的人事需求信息，各部门介绍性的图文资料，管理规章制度，各项重大活动宣传资料，对外交流的资料，重大新闻、通知等。

第三十二条 上网信息审核程序。行政宣传信息应由各单位组织提供、制作；教学信息、招生就业信息应由教务处、招生办、各学院教学单位组织提供、制作；科研信息由科研处等各单位组织提供、制作。信息发布审核由单位行政主要负责人签名、部门盖章（重要信息发布需报送主管院长审批）、交图书馆发布（有二级主页发布权限的部门，信息经部门行政主要负责人审核后，自行发布）。

第八章 附 则

第三十三条 本规定由图书馆负责解释。本规定自下发之日起执行。

第八章　实践与就业

武昌职业学院——学生顶岗实习管理暂行规定

顶岗实习是高等职业教育教学的重要环节。为加强顶岗实习过程的管理，特制定本规定。

第一章　组织和实施

第一条　顶岗实习是专业教学计划的重要组成部分，各院部应成立实习领导小组，落实实习单位，明确顶岗实习的岗位和实习目标，制订详细的实习计划。

第二条　实习前要对学生进行顶岗实习的动员和培训，对顶岗实习的时间、任务、要求等做出明确规定，对学生进行礼仪、职场规则、安全等教育。

第三条　实习期间，各学院应选派指导教师对实习学生进行跟踪管理和指导，及时与学生及实习单位沟通联系，掌握学生的实习动态，进行相应的思想教育，处理各种突发事件，并做好相关记录。

第四条　实习结束，指导教师根据学生的实习表现、实习报告、实习单位的鉴定等材料，做好学生顶岗实习成绩的评定，各学院应做好实习成绩的审定和实习材料的整理归档等工作。

第五条　顶岗实习一般由各学院集中组织和安排；特殊情况，可由学生申请，得到批准后自主实习。

第六条　各学院要以实习点为单位对实习活动进行统筹管理，由实习指导教师指定实习小组正副组长；人数较多的点可成立临时党团组织，协助教师进行日常管理。实习点应定期召开例会，重大问题应及时报告。

第七条　学校相关职能部门及各院部应定期到各实习点巡视指导。

第二章　实习生管理

第八条　顶岗实习基本要求：

（一）实习生在顶岗实习期间接受学校和实习单位的双重指导。

（二）学生选择实习单位后，与实习单位签订实习协议。学生签订实习协议后，须在规定时间到达实习单位，并按实习协议的内容正式开始实习。

第九条　学生应遵守实习出勤制度：

（一）实习期间实习生应严格遵守作息时间，按时上下班，不迟到、不早退、不旷工、不私自换班次。

（二）工作时间一般不得请事假，不准私自离开实习点。病假须有实习所在地三级甲等以上医院证明并经实习单位主管人员同意后方可准假，病休期间不得外出。如需请长假须经所在实习单位和学校批准。

（三）未经同意不参加实习者按旷课处理。

第十条　学生应遵守实习工作制度：

（一）上岗必须按实习单位要求着装，整理仪表仪容，使用礼貌用语。

（二）严格遵守实习单位的各项规章制度，听从主管人员指挥，服从工作安排，努力做好本职工作。

（三）守岗位，尽职尽责，不串岗，不脱岗，不做与本职工作无关的事情，不利用工作时间及实习单位设施办理个人私事。

（四）自尊自重，自强自立，和实习单位员工友好相处。

（五）禁止在实习单位以外私自打工。

第十一条　学生应遵守实习生活制度：

（一）同学之间互相关心、互相爱护、互相照顾，尊重实习单位员工。

（二）不使用粗言秽语，不打架斗殴，不偷窃，不赌博，不酗酒，不吸烟。

（三）讲究个人卫生，勤洗澡、理发，勤剪指甲，保持衣着整洁。男生不留长发、怪发，不烫发，女生不浓妆艳抹。

（四）每天轮流值日，及时清扫整理宿舍，不乱丢纸屑、杂物，保持环境及宿舍卫生,做到床铺干净、被褥整洁、内务有条不紊。

(五)节约水电,不奢侈浪费,及时关闭各种电器设施。

第十二条 学生应遵守实习学习制度:

(一)虚心学习各工作岗位的专业技能,培养良好的职业素养和操守。

(二)顶岗实习期间,学生应及时记录实习的内容,并定期进行整理。

(三)注意收集素材,认真撰写《顶岗实习手册》。

第三章 顶岗实习成绩考核

第十三条 实习过程中由实习单位相关人员对实习学生的工作态度、工作过程和任务完成情况等给予客观评价,并加盖实习单位印章。

第十四条 实习指导教师对实习报告(包括实习日志和小结等)、实习表现情况(实习鉴定)、指导教师检查记录、奖惩情况等方面对实习生实习成绩作出综合评定,经院审核后报教务处。具体要求如下:

(一)实习日志应认真、及时、真实、全面地记录每天的实习内容和完成情况,占 20%。

(二)实习小结主要内容包括:本次专业实习的基本情况,实习质量分析和评价,实习工作中存在的问题,对实习工作的建议以及对本院今后专业实习工作的改进意见等,不少于 2 000 字,占 30%。

(三)实习表现情况(实习鉴定)包括实习任务完成情况和实习单位的鉴定,主要从学生工作态度、任务完成、劳动纪律和实践能力提高等方面评定,占 40%。

(四)实习期间,指导教师的检查记录也是成绩评定的依据。另外,实习过程中获得实习单位表彰和顾客表扬的学生将给予一定的加分;对于受到实习单位处罚和顾客投诉的学生则相应地进行扣分。此项占 10%。

(五)实习总成绩 = 实习日志 × 20% + 实习小结 × 30% + 实习表现 × 40% + 记录奖励情况(处惩情况)× 10%。综合成绩分为五等:优(≥90)、良(89~80)、中(79~70)、合格(69~60)、不合格(<60)。

(六)有下列情况之一者,实习成绩按不合格处理:

1. 严重违反实习纪律,被实习单位终止实习或造成恶劣影响者,实习成绩按不及格处理。

2. 实习生请假天数达实习总时间的三分之一或无故离开实习岗位占实

习总时间的六分之一者，实习成绩按不及格处理。严重违纪者，除实习成绩不及格外，还要视情节轻重，给予行政处分。

3. 实习学生应及时上交实习报告，无故不按时提交者，实习成绩按不及格处理。

第四章 其 他

第十五条 实习开始后，实习生需履行相应的义务并享有相应的权利：

（一）实习单位按月向实习生支付相应的实习津贴。

（二）对实习单位要求办理的各种证件（如身份证、当地市级卫生防疫部门出具的健康证、特区边境证、免冠照片等），其相关办理费用由实习生本人负担，且相关证明需留实习单位存验；对于身体复验不合格的实习生，实习单位有权退回，相关往返费用由实习生本人负担。

（三）实习生在实习期间有权享受法定节日，如需加班则按规定给予补休或按劳动法给予相应报酬。

（四）实习生如因个人特殊原因确需中断实习的，应提前与指导教师、各院部和学校申请，并征得实习单位同意后方可离岗。

（五）因违反劳动纪律及各项规章制度，不能完成规定的工作任务等，被实习单位开除的，在办理相关手续后，应立即回校说明情况，并另行补足实习期，否则推迟毕业，或作结业处理。

（六）实习期间蓄意破坏单位或个人财物的，应由个人承担相应责任。

第十六条 本办法由教务处负责解释。

武昌职业学院——学生自主实习管理办法

（试 行）

为了更好地将实习工作和就业工作有机地结合起来，进一步拓宽学生实习渠道和择业空间，在集中实习的前提下，允许部分学生自主联系实习单位，分散进行实习。为做好学生自主实习管理工作，特制定本办法。

第一章 自主实习要求

第一条 自主实习是指实习生自主联系实习单位，由实习单位安排指导教师帮助实习生完成主要实习环节的实习形式。各院部自主实习的学生原则上不得超过本届本专业学生总数的25%。

第二条 申请自主实习的学生，应提交个人申请；由家长签署意见，提供与实习单位签订的实习（就业）协议，缴清下一学年学费，签订自主实习安全自律协议书。

第三条 自主实习的学生向学校提出申请，依照"武昌职业学院学生自主实习审批表"程序依次办理。

第四条 学生自主实习由各院部负责审批，并将自主实习汇总情况报教务处。

第二章 自主实习管理

第五条 自主实习的学生严禁提前离校，经审批后方可在规定期限内赴企业报到。

第六条 自主实习的时间安排原则上与学校统一安排的实习同步，须严格按照实习计划执行并按时返校。

第七条 自主实习的学生应认真完成实习计划规定的各项内容，服从学校、实习单位指导教师和实习单位的安排。

第八条 自主实习的学生应遵守实习单位出勤制度、工作制度。

第九条 自主实习的学生应遵守实习学习制度。

（一）虚心学习各工作岗位的专业技能，培养良好的职业素养和操守。

（二）及时记录实习的内容，并定期进行整理。

（三）注意收集素材，认真撰写《顶岗实习手册》。

第十条 自主实习的学生应经常与学校实习指导教师和辅导员联系，及时汇报实习情况，反映实习中存在的问题。

第十一条 各院部应对自主实习生做好跟踪服务工作，以信函、电话、网络及委派指导教师实地考察等方式，对自主实习生的实习工作进行检查、监督和指导。

第十二条 自主实习结束后，学生应及时向学校实习指导教师呈交

《顶岗实习手册》。

第十三条 实习鉴定由实习单位指导老师填写评定意见，实习单位签署意见并加盖公章。

第十四条 各院部要根据工作进展具体情况，适时召开有关学生座谈会，认真总结经验，发现存在的问题，提出改进意见。

第三章 自主实习成绩考核

第十五条 实习结束后，指导教师根据《顶岗实习手册》评定成绩。指导教师或学校对实习有关环节有异议时，可采取实习答辩等补充步骤对学生的实习效果进行考查。实习学生的最终成绩由指导教师报教务处，同时存档实习相关资料。

第十六条 实习成绩计入学分，考核办法依照《武昌职业学院顶岗实习管理暂行规定》执行。

第四章 其 他

第十七条 自主实习是一种学生自我管理的实习形式，实习安全是关系到实习效果的重要内容。为了确保自主实习教学质量和实习学生人身和财产安全，实习学生必须遵守以下规定：

（一）学生自主实习必须与学校签署《自主实习安全自律协议书》。

（二）离校前，实习指导教师和各院部要对实习生进行实习前的教育，包括安全教育、保密教育、劳动保护法教育和实习纪律教育等。

（三）学生到实习单位报到后，学生或实习单位应将学生报到情况反馈到所在学院。实习单位要有安全措施，自主实习生一定要严格遵守实习安全保障协议。

（四）实习期间一旦发生各类安全事故，实习单位应遵循"救人第一"原则，第一时间对学生进行救助，学生或实习单位应及时与学校指导教师和有关部门联系，商讨解决方法。

（五）学校鼓励实习学生在实习单位就业。

第十八条 本办法由教务处负责解释，自公布之日起施行。